高校教育教学管理实践与创新研究

鲍荣娟　刘雪纯　吴　迪◎著

吉林出版集团股份有限公司
全国百佳图书出版单位

图书在版编目（CIP）数据

高校教育教学管理实践与创新研究 / 鲍荣娟, 刘雪纯, 吴迪著. -- 长春: 吉林出版集团股份有限公司, 2023.6

ISBN 978-7-5731-3498-1

Ⅰ. ①高… Ⅱ. ①鲍… ②刘… ③吴… Ⅲ. ①高等学校—教学管理—研究 Ⅳ. ①G647.3

中国国家版本馆CIP数据核字(2023)第115341号

高校教育教学管理实践与创新研究

GAOXIAO JIAOYU JIAOXUE GUANLI SHIJIAN YU CHUANGXIN YANJIU

著　　者 / 鲍荣娟　刘雪纯　吴　迪

责任编辑 / 蔡宏浩

封面设计 / 清　清

开　　本 / 787mm×1092mm 1/16

字　　数 / 150 千字

印　　张 / 10.5

版　　次 / 2023 年 6 月第 1 版

印　　次 / 2023 年 9 月第 1 次印刷

出　　版 / 吉林出版集团股份有限公司

发　　行 / 吉林音像出版社有限责任公司

地　　址 / 长春市福祉大路 5788 号

电　　话 / 0431-81629679

印　　刷 / 吉林省信诚印刷有限公司

ISBN　978-7-5731-3498-1　　　　　　定　　价 / 50.00 元

前　言

进入 21 世纪以来，随着改革的日益深入和经济社会的不断发展，我国高等教育的宏观背景和微观环境已发生了重大变化，培养具有创新精神和实践能力的人才成为社会对高等教育教学的必然要求。教育教学管理作为高校管理体系中的一个重要环节，是高等学校各项管理工作的核心，也是高校人才培养质量的重要保障。随着计划经济体制向市场经济体制的纵深发展，我国高等教育由精英教育阶段迈向大众化教育阶段之后，教育观念、教育价值、社会对人才的需求等诸多方面的变化都对高校教育教学提出了新的要求，促使高校教育教学和考试管理在观念、内容、方法等各个方面不断发展和改革，以适应知识和信息时代的社会变化及现代教育理念的新需要。因此深入开展高校教育教学管理实践与创新发展研究，剖析新形势下高校教学管理建设的重要意义及存在的主要问题，努力探寻解决相关问题的有效途径和方法，对促进高校教育教学管理工作健康、持续、良性发展有着十分重要的现实意义。

本书首先从高校教育管理的相关理论入手，详细阐释了高校教育管理的功能、教学管理队伍建设；接着从文化管理、教师管理、学生管理、课程考试管理、行政管理等方面论述了高校教育教学管理实践；然后从坚持创新理念、把握职能定位、构建权力结构、健全机构设置、保障运动机制等角度概括总结了我国高校教育管理创新的理论；最后，从高校教育教学方法、思路及策略等方面，对高校教育教学创新实践与发展进行了研究探析。

在撰写过程中，为提升本书的学术性与严谨性，作者参阅了大量的文献资料，引用了一些同人前辈的研究成果，因篇幅有限，不能列举，在此并表示最诚挚的感谢。由于高校教育教学管理涉及的范畴比较广，需要探索的层面比较深，作者在撰写的过程中难免会存在一定不足，对一些相关问题的研究不够透彻，恳请前辈、同行以及广大读者斧正。

目 录

第一章 高校教育管理的概述

第一节 高校教育管理的概念

高校教育管理在高等学校中有特殊的位置与内涵，价值重大。

一、高校教育管理的内涵

研究高校教育管理，首先就要明确其内涵。而要全面、深入地把握高校教育管理的内涵，就要弄清高校教育管理的含义，了解高校教育管理的特点，明确高校教育管理的目标。

（一）高校教育管理的含义

管理涉及生活中的各方面，人们一般对管理有不同需求和不同角度的解读，若简单从字面意义上来说，管理有管辖和处理的意思；若具体展开，管理的定义会多种多样。教育管理是一种社会活动过程，是在一定的社会组织中，人们为了达到预定的组织目标利用人力、物力、财力、时间等资源，对组织进行计划、控制和决策的社会活动过程。

高等学校管理和人才培养的重点之一就是高校教育。高校教育由于特定的地位，在管理中不仅具有一般管理的本质，还有其特殊的本质。

以下几点就反映了上述说法。

第一，高校教育管理是在高等学校这一特定的社会组织中进行的。

社会组织是管理活动的必要组成部分。对高校管理而言，高等学校就是高校管理的必要组成条件，是专门为社会培养与输入人才的重要社会组织，高校管理的首要任务就是进行大学生的系统性教育与培养，在此基础上可以说，高校管理是为实现人才培养组织目标的一种特定管理活动。

第二，高校教育管理的目的是实现高等学校的人才培养目标，促进大学生的全面发展。与任何管理都是在社会组织中进行的一样，任何管理都需要有预定的组织目标，目标与管理是相辅相成的。高等学校为社会进行的人才培养是高校教育管理中的一项重要内容，高校教育管理要以实现高等学校的人才培养目标、促进大学生发展为首要且基本的任务，这样才能够为社会输送德智体美全面发展的、创新和实践精神较强的社会建设人才。

第三，高校教育管理的实质是要有效地利用学校的各种资源，为大学生的成长成才提供指导和服务。大学生能够顺利完成学业，并且在高校学习过程中得到高等学校提供的各方面指导与服务，是高校教育管理的最主要目标与任务，如提供资助服务给家庭经济困难的学生、对大学生在校期间的行为进行正确的引导等。因此，在此期间更需要高等学校有效地利用学校的人力、财力、物力等各种资源，进行科学的策划与组织，以期提供给大学生更多的成长空间与服务指导。

（二）高校教育管理的特点

高校教育管理在管理中具有特定的地位，其对大学生人才培养的引导与服务有着鲜明的特点。

1. 突出的教育功能

高等学校的人才培养工作离不开高校教育管理，高校教育管理除管理的属性外，还有鲜明的教育属性。

（1）高校教育管理的目标服从和服务于大学生教育的目标

高校的教育管理是为了实现预定的教育目标。大学生踏入大学校门就是为了接受教育，高校如何通过高校教育管理来实现大学育人目标，是高校管理者必须思考的问题，高校教育管理必须要以大学生圆满完成预定学习目标为服务基础，制定出可以促进大学生德智体美全面发展的管理措施，完成不断地为社会输送人才的目标。高校教育管理与大学生教育目标的关系是，高校教育管理是手段，大学生教育目标是手段实施的依据。具体而言，有以下两个方面。

第一，大学生教育目标的实现离不开高校管理目标的实现，有效且高效的教育管理，才能为大学生学习提供各种便利和服务，才能积极调动大学生的主观能动性，保证教学活动正常进行和学生的全面成长。

第二，高校教育管理的目标要以大学生教育的目标为实施依据。因为大学生教育目标的实施和贯彻，也就是高校管理目标在高校管理活动中的反映和体现，高校教育管理目标包括大学生教育目标，是高校教育管理目标之一。高校教育管理目标和大学生教育目标的统一，保证了高校教育管理的正确方向。

（2）教育方法在高校管理方法体系中具有突出的作用

高校教育管理活动应该以现代管理活动中最常见的教育方法为基础手段，提高高校教育管理的实施成效。而高校教育管理是在组织活动中实现的，组织活动离不开人的参与，而人是有思想的动物，其思想意识支配且影响着人的种种活动，所以一切管理互动都是以人为基础运行的，只有做好人的思想工作，以思想领先为原则影响他人，才可以引导和制约人们的各种活动。放到高校教育管理活动中来，就是通过对学生进行不断的思想道德教育来促使高校教育管理中的法律方法、行政方法和经济方法卓有成效地实施。

（3）高校教育管理过程同时也是教育大学生的过程

高校教育管理是对大学生进行指导和管理，蕴含着丰富的教育因素。高校教育管理的过程会直接影响大学生德智体美的发展，因此作为向社会培养和输出人才的高等学校，其管理工作的实施，一定要对学生产生积极的影响。要以人为本、民主法治、公正和谐的理念为基础，倡导从实际出发、遵循教育规律和管理规律、实事求是的科学精神，运用民主管理、依法管理、科学管理的手段，潜移默化地影响和教育学生。只有这样，高校教育管理制定的各项规章制度才能对大学生起到思想引导和规范行为的作用。值得注意的是，高校教育管理者在管理的过程中的情感、态度和言行对大学生也有着不可估量的影响，因此高校教育管理者在管理过程中也应注意自己的一言一行，努力成为正面积极的表率与模范。

2. 鲜明的价值导向

高等学校是为社会培养和输送人才的基地，所以高校教育管理至关重要。社会经济基础、政治制度和意识形态对高校教育管理的目的、管理体制和管理形式是具有制约作用的，因此要注意高校教育管理对大学生价值观形成、变化和发展的巨大影响。在我国人民民主专政的社会主义国家的国情下，作为向全社会输送人才的高等学校，高校教育管理对人才的价值导向影响巨大，如何为社会主义建设事业培养坚持社会主义价值导向的专业人才，是我国高校教育管理的一项重要课题。以下三方面就是对上述内容的展开阐述。

（1）高校教育管理的价值导向集中体现在管理目标中

人类实践活动的基本特征是目的性。人的实践活动总是体现一定的价值观念，在实践对象的属性和一定需求及其变化趋势的基础之上做出认知判断，是人实践活动目的的基本内容和活动特性，高校教育管理的目的和实践活动的目的相同。实际上，大学生价值观的形成和发展离不开高校教育管理的引导和促进，高校教育管理的每个举措都影响着大学生的一言一行。从整个高校教育管理系统来看，价值观的确定和设计，是高校教育管理目的实行与运作的根基，所以我国高校教育管理的实行，要遵从社会主义核心价值体系的要求，积极地贯彻社会主义核心价值观，实现中国特色社会主义共同理想对人才培养的要求。以高校教育管理的重要目标为例，即建设并维护学生良好的教育教学和生活秩序。其中"有序"的价值观就在这一目标的执行下，得到了良好的实行与发展，很好地推动与培养了大学生"有序"价值观的形成。同时，对大学生人才的培养是大学生教育以及高校教育管理的首要问题，如何培养、培养目的、培养效果等内容都蕴含着一定的价值观念和价值追求，包含这些内容的高校教育管理就是大学生教育的重点环节。

（2）高校教育管理的价值导向突出体现在管理理念中

作为高校教育管理指导思想的高校教育管理理念，对高校教育管理的原则和方法有着直接的制约作用，是对社会先进价值观的具体贯彻，对社会价值体系的鲜明体现。例如，中国共产党坚持的"以人为本"的价值观，体现到高校教育管理中就是全面贯彻"关心人、尊重人、依靠人、发展人、为了人"的"以人为本"的理念，潜移默化地积极地作用于大学生价值观的形成和发展。

（3）高校教育管理的价值导向具体体现在管理制度中

高校教育管理若想要实现规范化、制度化和法制化，其基本保证和主要标志就是制定科学又严谨的规章制度，这是高校教育管理能够顺利实施的基本手段。管理规章制度的制定离不开价值观念的指导和影响，其具有鲜明的价值导向，对大学生的价值观产生巨大影响。具体而言，可以对大学生的行为进行一系列的要求，制度中可写明具体的行为规范，例如，对大学生什么样的行为进行勉励和倡导，对大学生什么样的行为必须强烈反对和禁止；对大学生什么样的表现做出奖励和表扬，对大学生什么样的表现做出谴责和惩罚等。

3. 复杂的系统工程

高校教育管理是一项十分系统的工程，高校教育管理与任何管理活动的相同点体现在其整体性、层次性、动态性和开放性上，而不同点在于，高校教育管理活动具有复杂性。

（1）高校教育管理的任务是复杂的

高校学生的专业学习和日常生活属于高校教育管理的内容，高校教育管理对大学生各方面各环节的培养和管理是任重而道远的，有其特有的复杂性。高校教育管理在实施的过程中，不仅要注意高校学生中心任务的顺利实行，即对学生学习行为和实践活动的管理和引导，还要注意从高校学生健康成长的角度出发，对诸如学生间交际行为、消费行为、网络行为等高校学生的日常行为进行管理和引导，通过以上工作对学生的异常行为进行早发现、早校正和早处理，以保证高校学生的健康成长。

具体而言，一般可分为以下四个方面。

第一，对大学生现实群体与虚拟群体的管理与引导。随着现代科技的不断发展，社交应用媒体的更新频繁，高校学生个性的不同会导致其活跃在不同的网络社群，所以从实际出发，不仅要对高校学生现实群体如学生班级、学生党团组织及学生社区和生活园区管理和指导，还要对高校学生依据网络平台形成的虚拟群体报以持续的关注与管理。

第二，高校学生校内外的安全都要进行关注与管理。高校学生的学习生活不止会在校内进行，校外也是的重要组成区域，因此在高校教育管理工作中，不仅要对学生校园内的生活进行合理的引导和管理，还要对校园外的生活进行持续的关注和督促。

第三，开展高校教育管理工作的过程中，要全面地考虑学生的具体情况。不仅要关注可以调动全体学生学习积极性的奖学金评定工作，还要关注家庭困难学生的资助工作，双管齐下，才能保证高校学生学业的顺利完成。

第四，针对新生与毕业生的不同情况，高校要运用学校的资源提供不同的指导和服务。针对新生，高校教育管理要及时帮助新生明确未来要实现的具体目标，制订合理且科学的职业生涯规划，推动学生对高校生活合理安排，为其未来发展打下良好的根基。针对毕业生，积极地进行服务与指导，促使学生能够快速地从学生身份向社会工作者的身份转变，最大化地实现自身价值。

（2）高校学生是具有明显差异和鲜明个性的

随着现代社会科技的进步，网络时代背景下，高校学生处于一个信息爆炸的现状中，信息的海量和易得以及自我意识的觉醒和增强，使持续受信息浸染的学生拥有了不同的精神世界和思想感情，每个人都有其特性。具体到班级单位，学生们的年级和专业都是相同的，但班级内的每个学生都有着鲜明的个人特质，如气质、性格、兴趣和习惯等。另外，一方面，高校学生来自全国各地，不同的生活经历和生活条件会使他们的思想行为方面有比较明显的差异；另一方面，大学生崇尚个性的特质会使他们对自身个性的发展和完善有着较强的追求，这也导致了大学生个体之间的明显差异。学生是高校教育管理的对象，高校学生个体间是有显著差异的，高校教育管理对学生这种个人特质的遵循是有效开展高校教育管理工作的前提，在这个前提下，高校教育管理对学生实行的因人制宜与因势利导的针对性工作，就具有了特定的复杂性。

（3）影响高校学生成长的因素是复杂的

高校教育管理的目的是为社会培养和输送高校人才，而高校人才如何能够健康成长，是高校教育管理的重中之重。在现实生活中，影响高校学生学习生活的因素多种多样，不止有学校内部的教育生活因素，外部环境因素的影响也不可忽略。由于外部环境的构成因素非常复杂，因此高校教育管理的应对也呈现出相应的复杂化。

环境因素往往会通过学生的学习、生活活动、人际交往等，对学生的成长产生不可忽视的影响和作用。尤其是现代科技与信息高速发展的大背景下，全球一体化趋势越来越明显，世界各国联系紧密，学生对世界各地信息的获取变得越来越容易，这些信息对学生思想和精神的影响也愈发深远。以上各种环境因素的综合下，学生受到的影响是复杂而广泛的。

以外部环境为例。一方面，外部环境影响的性质是具有多重性的，分为积极影响和消极影响，二者互相交织，相辅相成。高校学生个体间的差异会导致同样的环境因素在不同个体上有不同性质的影响，以富裕的家庭经济条件为例，富裕的家庭经济条件可以是大学生顺利完成学业的有利条件，也可以是大学生铺张浪费、不思进取、荒废学业等行为的催化剂。另一方面，外部环境影响的方式是具有多样性的，可以分为直接影响和间接影响；显性影响和隐性影响；可以作用于大学生的思想情感，也可以作用于大学生的行为。因此，在学生的学习和生活中，高校教育管理不仅要对学生进行科学且合理的指导，还要针对外部环境对大学生的影响方面进行有效的调节和控制，从而运用积极影响抵消消极影响，促进大学生全面健康地发展。综上，影响学生成长因素的复杂性不言而喻。

二、高等教育管理的价值

高等学校是为社会输出高等人才的基地，因此如何促进学生健康发展是高校教育管理的重点，而高校教育管理工作的良好开展，对推动社会的进步、促进高等学校的可持续发展和提高大学生个体的成才都具有重大意义。

（一）高校教育管理价值概述

价值属于经济学范畴，商品生产的出现导致了价值概念的产生，凝结在商品中无差别的人类劳动就是经济学中价值的概念。随着社会的发展与科技的进步，价值的范畴进一步扩展，在社会政治、法律、道德、科技、教育和管理等各个领域中都得到了广泛而充分的应用与发展，逐渐成为人们评价一切事物的一般标准。由此可见，价值又在哲学意义上做引申。客体对于主体的作用和意义是价值在哲学意义上的定义，是对客体的属性和功能与主体的需要之间的特殊关系的体现，即客体属性和功能对主体需要的满足关系。

在这里，价值又在一个关系范畴之中，主客体的存在是其存在的必要条件，具体可分为两方面来说：①主体的需要对价值的衡量上具有重大意义，是衡量价值的标尺，判断事物或对象是否具有价值，也需要看该事物或对象是否可以满足主体的需要，由此可见，价值离不开主体；②客体的属性和功能是价值的载体，价值的实质，也就是客体的属性和功能对主体需要的满足，由此可见，价值同样离不开客体。

作为为社会输出人才的高等学校，教育管理的意义重大，它本身的属性和功能既满足了大学生成才的需求，又满足了社会进步的需求，同时反映到高等学校自身发展上，也满足了高等学校自身发展的需求，由此可见，高校教育管理亦具有较高的价值。关系范畴的价值主客体缺一不可，具体到高校教育管理的价值，其主体就是社会、高等学校和大学生，客体就是高校教育管理本身。这里我们分别做具体阐述。

第一，作为客体的高校教育管理本身。高校是为社会输送各种各样人才的基地，高校教育管理对人才的形成、培养和成长都具有极大的推动作用，而对高等学校来说，高校教育管理的好坏，也直接影响着高等学校的发展，高校教育管理做得优秀，为社会输送的优秀人才增多，高等学校的知名度加大，对高等学校的未来发展可以说是一个正向的反哺，所以高校教育管理的价值是建立在高校教育管理本身的属性和功能上的。

第二，作为主体的社会、高等学校和大学生。高校教育管理的最终目的是为社会输送合格的人才，高等学校是高校教育管理的实施者，大学生是高校教育管理的管理对象，社会是检验高校教育管理成果的验金石。综上，高校教育管理的价值就体现在其属性和功能对社会、高校和大学生需要的满足上。另外高校教育管理价值还有几个明显的特点。

1. 直接性与间接性

作为高校教育管理价值的主体，即社会、高等学校和大学生，这些不同的主体受高校教育管理的作用方式不同，有直接作用和间接作用之分，即高校教育管理价值有直接性和间接性两个特点：①高校教育管理价值的直接性，是指没有中间环节，高校教育管理能够直接满足价值主体的需要。通常而言，高校教育管理能够直接地产生作用与影响的价值主体是高校大学生，即高等教育管理的实施是直接作用于学生个体的。②高校教育管理价值的间接性，是指需要通过中间环节，高校教育管理才能满足价值主体的需要。通常而言，高校教育管理通过对大学生的影响，才能间接影响到社会的发展。

2. 即时性与积累性

高校教育管理价值的实现是需要一个过程的，满足价值主体需要的过程时间长短不一，所以高校教育管理价值可以说同时具有即时性和积累性两个特征。短时间内，价值主体能够从高校教育管理处得到很好的满足，即高校教育管理价值具有即时性。例如，针对家庭经济困难的学生，及时办理相应的助学贷款，从而能够让他们安心地在大学进行学习与生活。若想达到高校教育管理价值的工作目标，需要对高校教育管理工作进行不断的积累。工作积累是一个长期的过程，即高校教育管理价值具有积累性。例如，为学生提供一个教学有序的环境，从而推动大学生的良好发展。

3. 受制性与扩展性

因为高校教育管理是直接面向大学生实施的，大学生在学习和工作中会受到多种多样因素的影响，因而高校教育管理价值也会受到多重因素的影响，高校教育管理价值的受制性就表现在此，可以大致分为正反两方面的影响：①当影响大学生的因素与高校教育管理作用的方向一致时，高校教育管理更容易发挥成效，高校教育管理的价值更易实现。②当影响大学生的因素与高校教育管理作用的方向相反时，高校教育管理的成效就会受到负面的影响，其价值就会难以实现。

以上讲的是各种因素对大学生的影响与作用，高校教育管理价值的扩展性所讲的内容正好与之相反，是指高校教育管理可以通过直接影响大学生的一言一行，从而间接影响外部环境与因素，从而扩展了高校教育管理自身的价值：例如，高校教育管理对科技创新的倡导，会直接影响与激励学生参与到科技创新的活动中去，从而间接影响到学校有关科技创新方面的发展，再进一步提高学生科技创新的能力和水平。

4. 系统性与开放性

高校教育管理价值是由多种角度和多种类别构成的有机整体，具有较强的系统性。在这里可以将高校教育管理价值按照各种不同的角度进行分类，多方面解读高校教育管理价值的系统性，以下用几种分类举例：

第一，按主体分类。可以分为社会价值、高校集体价值和个体价值。社会价值体现在高校教育管理对社会运行与发展的作用；高校集体价值体现在高校教育管理对高校自身持续性发展的作用；个体价值体现在高校教育管理对大学生个体的培养和长远发展的作用。

第二，按形式分类。可以分为理想价值和现实价值。理想价值是高校教育管理不受任何因素影响，以最理想的状态实施运作，最终实现最终价值的状态，而现实中往往有各种各样的影响与阻碍，现实价值是在现实条件下正在实现或者已经实现的价值状态。

第三，按性质分类。可以分为正向价值和负向价值。

第四，按价值高低分类。可以分为高价值和低价值。高校教育管理价值是具有开放性的。随着价值主体和高校教育管理功能的变化与发展，高校教育管理的价值也会随之发展。社会发展日新月异，作为高校教育管理服务对象的大学生也在不断发生新的变化，服务对象的改变必然会导致高校教育管理的相应改变，以期适应于管理对象，扩展管理的价值。例如，信息时代的到来，计算机网络对学生的影响越来越深，面对这种新情况，高校教育管理要及时关注并规范大学生网络的使用，从而跟进高校教育管理在网络中的价值扩展。

（二）高校教育管理的社会价值

高校教育管理通过培养与输送合格的高等人才作用于社会，虽然形式是间接的，但其社会价值对社会的影响仍然是广泛而深远的。中国特色社会主义建设对合格人才有着较高的要求，高校教育管理本身是实现其社会价值的重要手段。

1. 培养合格人才的重要手段

随着社会的发展，对人才的需求尤其是对高素质人才的需求越来越多，作为需要不断向社会输出人才的高等学校责任重大，高校教育管理的中心任务具体体现为：为社会培养出一批又一批的专业人才，从而促进社会的进步与发展。高校教育管理在高校培养人才的过程中扮演了重要的角色，是高校培养人才的重要手段，意义重大。

（1）维护正常的教育教学秩序

高校规章制度的实行可以帮助高校教学活动良好有序地展开，高校教育管理对高校教育教学秩序的维护是高校有效开展教学的保障。具体实行中，高校教育管理可大致分为几个方面。

第一，高校教育管理要按照一定的制度对学生的学籍进行严格的管理。对学生的入学与注册、课程和各种教育环节的考核与成绩记载、转专业与转学、休学与复学、退学、毕业与结业等各项工作做到明了和有序，帮助高等学校建设正常的教学秩序，从而使其能够顺利地开展各项教育工作。

第二，具体到学生群体，高校教育管理要对学生群体进行系统又全面的学习管理，从而对学生形成一种正向的督促与激励，如规范学生行为、督促学生遵守纪律等，对良好学风的养成和教育教学秩序的正常建立十分有利。

第三，高校教育管理对学生团体的管理和引导，对建立正常的教育教学秩序具有很强的促进性。综上，高校正常的教育教学秩序的建立是离不开高校教育管理的。

（2）激励、指导和保障学生的学习行为

教学虽然是组合在一起的词语，但"教"与"学"是两种不同的概念。从"教"与"学"中可以明显看出这是两种动作，代表着教师和学生的双向互动，因此，教学的过程中"教"与"学"也是辩证统一的。在"教"与"学"的过程中，前者是主导，后者是关键。对于大学生来说，学习是其主要任务，能否完成学习任务关系着大学生能否成为一个合格的人才，在这种情况下，高校教育管理就扮演着激励、指导和保障其顺利完成学业的重要角色。以下对这三个方面进行具体阐述。

第一，激励作用。高校教育管理可以引导学生对学习的意义产生正确的认知，让学生明白学习是实现其自身价值的重要途径，学习目的的明确也可以调动学生学习的主观能动性；奖学金和荣誉称号的设置，对优秀学生的表彰等行为，也可以激励学生全身心地投入学习中；在大学学习中引入竞争机制，组织各种具有竞争性的学习赛事，同样可以调动学生学习的积极性。

第二，指导作用。新生入学以后，高校教育管理可以引导学生熟悉大学教育环境与内容，使他们能够尽快把握大学阶段的学习特点和要求，尽快从被动学习转向主动学习；在大学学习的过程中，高校教育管理要引导学生及时发掘自身特点，根据社会实际的需要制订适合自身的职业规划，后期督促学生根据自身的职业方向明确学习目标，进而进行有计划有目标的学习；学生明确学习目标和规划后，良好学习方法的把握也是十分重要的，高校教育管理应给予学生一定指导，促使学生良好学习习惯的养成，进而快速提升自身的学习；在高校进行学习时，大学生社会实践活动的开展也是促进大学生学习的必不可少的一项内容，大学生不仅要掌握专业的理论知识，对专业理论知识的实践也是学习过程中的重要一环，在实践中对专业理论知识的理解和应用有助于大学生自身专业技能的加强与提升。

第三，保障作用。高校学生来自全国各地，每个学生的家庭经济状况都不相同，高校教育管理应切合实际，加强资助管理，对家庭经济困难的学生切实地做好助学贷款和助学金的发放，并对学生的勤工助学活动做必要的指导，从而帮助学生顺利完成学业。

（3）培养学生的思想品德

随着社会的发展，不仅对人才专业技能的要求越来越严格，对人才的思想品德和能力素养方面也同样开始着重关注起来，所以一个符合社会需求的人才必然要德才兼备。在大学生接受高等学校的教育过程中，还要以高校教育管理为辅助，督促大学生以良好思想品德为思想基础的行为习惯的养成，持续地规范大学生行为，促使大学生由他律转向自律。

现实情况中，大学生各个方面的发展都还未成熟与稳定，且每个学生的个性全不相同，再加上思想基础上的不同，大学生接受思想教育的意愿就显示出了一定的差异，因此，大学生在自律方面尚有欠缺且存在不同程度的差异。若要提高高校学生的自理、自律水平，加强高校学生遵循社会规范的自觉性，促进高校学生良好行为习惯的养成，就需要以高校教育管理为辅，双管齐下，最大限度地推动学生自理、自律能力的提升。

高校可以利用高校教育管理功能，切合实际情况制定科学有效的规章制度，各项规章制度的严格执行，不仅对学生的行为管理和纪律约束产生强化作用，还可以使大学生的学习和生活都处于一种良好有序的状态。

2. 构建和谐社会的内在要求

对学生具有引导作用的高校教育管理的有效实施，对构建社会主义和谐社会具有重要的价值和作用。

（1）高校教育管理是维护社会稳定、实现社会安定有序的重要保证。高校是高等人才的培养基地，不断地为社会做着人才输出工作，从高校输入社会的人才直接影响着社会稳定有序的发展，因此，社会稳定的重要方面就是高校的稳定，而高校能否稳定，高校学生是关键。

高校学生的思想尚未成熟，呈现出明显的矛盾性。另外，高校学生年纪较轻，生活阅历较少，情感共鸣能力较强，这种特性使高校学生形成了热情勇敢的个性，但相对而言，更易冲动，丢失理性。大学生群集于高校校园内，若高校教育管理不能进行有效的干预与引导，一些不良的信息和倾向很快会在学生群体中扩散，不利于大学生自身发展的同时还会对社会造成不可预估的不良影响。综上，高校教育管理若能够正确地引导高校学生的思想、学习和生活，及时处理学生间突发事件，妥善解决学生在高校生活中的各种问题，就能有效地促进高校的稳定，高校的稳定继而会对社会的安定有序产生积极的作用与影响。

（2）高校教育管理是构建和谐校园的重要手段

高等学校是现代社会中不可或缺的重要社会组织，担负着培养人才、推进科技进步、传播先进文化的重要任务。构建和谐校园，是构建社会主义和谐社会题中应有之义，也是推进高等学校科学发展的内在要求。

第一，加强高校教育管理，引导和组织大学生积极发挥在和谐校园建设中的主体作用，是构建和谐校园的重要保证。

第二，加强高校教育管理，建立和完善学生参与民主管理的组织形式，引导、支持和组织学生依法参与学校的民主管理和实行自主管理，切实维护和保障学生在校期间享有的权利，引导和督促学生全面履行法律规定的义务，自觉遵守国家法律和学校管理制度，能够有力地推进高等学校的民主法制建设。

第三，加强高校教育管理，妥善地协调学生与学校、学生与教师之间的关系，维护学生的正当利益，实事求是地评价学生的思想品德和学业成绩，公正地实施奖励和处分，正确地处理学生中的各种矛盾和问题，可以使公平正义在校园中得到弘扬。

第四，加强高校教育管理，督促学生在学习考试、科学研究、人际交往和日常生活中坚持诚实守信，做到不作弊、不剽窃，引导学生尊敬师长，友爱同学，团结互助，才能在校园中形成诚信友爱的良好风气。

第五，通过高校教育管理，充分调动学生的积极性和创造性，围绕专业学习，开展丰富多彩的社团活动和社会实践活动，鼓励、组织和支持学生开展科学研究、进行创造发明、尝试创业活动，才能使校园真正充满活力。

第六，通过高校教育管理，建立和维护学校正常的教育教学秩序和生活秩序，加强学生的安全教育和管理，保障学生的身心健康，有效地预防和妥善地处理学生中的突发事件，努力建设平安校园，才能使校园实现安定有序。

第七，通过高校教育管理，引导和督促学生自觉维护校园环境，节约使用水、电等各种资源，才能使校园成为人与自然和谐共处的生态校园。

（3）高校教育管理是促进高校学生集体和谐发展的重要手段

高校学生党团组织、班级、学生会、社团等都是高校学生在高校内团体生活的主要表现形式，这些团体活动包含了政治、学习和生活等各方面的因素，对高校学生的思想有着直接而有力的影响。高校学生集体的和谐发展，不仅可以促进学生个人的健康成长，对高等学校内部的和谐稳定也有积极的影响和作用。

高校教育管理可以有效地规范大学生的集体活动，对大学生集体活动的和谐发展意义重大。以下通过三个方面进行具体阐释。

第一，高校教育管理可以指导高校学生集体自觉遵守学校规章制度，以高校人才培养和学生自身发展为中心，开展多样的集体活动，有效地发挥高校学生的主观能动性，促进高校学生集体发展和学校发展统一。

第二，高校教育管理可以增强高校学生的集体建设，即思想建设、组织建设、制度建设和作风建设等，加强高校学生间的团结互助和沟通交流，促进个体的良好发展。

第三，高校教育管理可以规范高校学生集体的秩序，正确处理各类集体之间的关系，在面对大的活动的时候，高校各学生集体间要加强沟通，争取互相之间的协调配合与支持，使大学生形成自我教育与管理的合力，促进高校内各学生集体的团结互助与和谐发展。

第二节 高校教育管理的原则

在高校教育管理过程中，教育管理的原则是这个过程得以实施的奠基石，所以我们在研究高校教育管理的原则时，要多注重这个原则的正确性。高校教育管理的原则应该来自相应的党的思想和政策的指引。高校教育管理的原则包括以下方面。

一、方向性原则的保持和确定

保持高校教育管理方向性原则的根本出发点在于"培养什么人"和"如何培养人"。高校教育管理是高校教育教学及办学内容中的重点之一，涉及高校教育教学的各个方面。高校教育管理工作的成效，会直接影响到当今高校能否完成培养社会主义事业建设者和接班人的目标。

方向性原则是指高校教育管理目标的确定，高校教育活动的开展，都需要参考高校育人的总体目标，并且保持高校教育管理目标的正确性。高校教育管理目标的确定，还需要遵照国家教育方针政策中规定的相关标准，保持方向上的统一性。因此，我们说方向性原则是高校教育管理中的决定性原则，只有坚持这一原则，才能使整个高校教育管理的总体目标呈现出正确性趋势，使高校教育管理的方向不跑偏，真正有利于社会主义事业建设者和接班人的发展和教育。这种方向性原则，是带有高校特有的教育管理属性的，也是在我国过去高校教育管理经验的基础上累计和分析而来的。保持方向性原则的正确性，需要做到以下几点。

（一）提升高校教育管理者的政治觉悟和意识

高校教育管理呈现出政治方向和价值导向的鲜明性特征。高校教育管理的服务对象是一种特定的社会和阶层，在特定的社会和阶层中，高校教育管理呈现出目的的差异性、理念的相异性和方式方法的区别性等态势。因此，在高校教育管理方向性的把控上，要保持高校管理者的思想和政治意识。在管理工作的开展中，高校管理者要保证自己的思想方向，积极引导广大高校学生在社会主义发展道路上的使命感，着力解决大学生人生价值到底应该如何正确体现等实际问题。

（二）保持管理制度的合法性，体现管理的政治导向性

方向性原则的坚持，也是自觉接受党的领导的一种具体体现。这种方向性的坚持，是要以党的方针和政策为核心重点的。具体来看，学校的各类制度，也是贯彻落实党的方针政策的途径之一。在这种途径上，具体显现出的就是管理制度的政治方向和价值导向。

因此，高校在制定各项教育管理制度时，一定要以国家的相关法律法典为参照，保持思想和方向上的一致性。在高校教育管理制度方向性原则的执行过程中，要坚定大学生的社会主义信念并在社会主义实践中成才。

（三）管理目标的调整需要整合时代的需求

保持高校教育管理的方向性原则，要体现在方向上，更要体现在管理是否符合时代的需求上，主要集中点需要放在能否实现党和国家层面的中心任务上。在不同的时代和不同的时期，党和国家的阶段性目标和任务是不一样的，具体体现到对人才的需求点上也是不一致的。这需要高校教育管理工作紧扣时代的发展主题，在目标的制定上呈现出不断调整的态势，在管理模式的创新上也呈现出不断的动力性特征。当前，发展是硬道理，经济建设也是重中之重，在制定管理目标时，要根据这一重点进行方向性指导。

二、发展性原则的建立和促进

建立和促进高校教育管理的发展性原则，首先是管理工作本身呈现出来的发展性特征；其次是高校教育管理通过对学生的全面发展而具体呈现。从高校教育管理自身出发，当前，我国社会生活呈现出发展变化的复杂性特征。高校教育管理工作的各个方面都呈现出剧烈变化的态势，如高校教育管理内容的趋势、对象等。这就要求高校教育管理的制度、结构能保持变化的驱动力，高校的管理方法、管理目标和管理手段要进行及时的修正和调节，保证高校教育管理工作的成效性。其具体要求有以下几点。

（一）要树立正确的发展意识

在思想和行动的关系中，思想是行为的探路者。发展理念决定了相应的管理手段和管理的结果。在传统的高校教育管理中，高校更注重学生管理的制度建设，期望用制度对学

生的行为进行约束和管理，在实践中容易丢失沟通的桥梁。这种管理，容易伤害学生的自信，打击学生的主动性，跟学生的全面发展的宗旨背道而驰。在管理实践中，高校要更多地注重学生的全面发展的具体要求，看到社会对学生全面发展的紧迫性要求，打破常规，使学生的管理理念更具有先进性，能跟随时代对学生全面发展要求的脚步。

（二）要不断推进管理创新

这一点，主要针对管理本身的发展而言，学生在校的全面发展，是通过一定的管理途径来实现的，这种管理途径实际也是一个需要不断被创新的过程。这种创新，是建立在一定的规律之上的，这种规律就是高教管理教育的基础性规律。这种规律，促进管理创新能跟随时代步伐，坚持传承优良的传统与现行的创新相结合的办法，在工作的具体开展中保持自身的创造性态势，真正促进学生的全面发展。随着社会的不断进步和发展，高校教育管理工作所需要面临的环境、问题也越来越多，大学生出现方向性迷失的情况时有发生。如果高校的管理方法得不到创新发展，就无法适应学生对其真正的各类新型需求，不能真正解决问题。因此，管理创新也是时代和社会予以高校教育管理的一项重要任务。

（三）要集合各方面的资源促进学生发展

长久以来，高校教育管理都比较强调学生管理和学生服务两大块。在具体的实施上，管理方面的实施是高于服务上的实施的，即高校很多的工作只是浮于表面，没有真正落地。高校要分析和集合学校各方面的资源，对资源进行整合和分析，协调各个部门的关系，将学校的各方资源进行优化，保障学生发展的动力持久而强劲。

第三节　高校教育管理的过程

研究高校教育管理过程，主要是要弄清高校教育管理过程的含义和构成要素，把握高校教育管理过程的特点和主要环节。

一、高校教育管理过程的含义和构成要素

（一）高校教育管理过程的含义

高校学生在高校学习和生活过程中会出现很多干扰因素，这些干扰因素影响和制约着

高校学生的成长与发展，因此高校教育管理为实现教育目标就需要对此情况进行规范与调整，这就是高校教育管理的过程。高校教育管理过程实际上是一种循环往复的动态运行过程，其实质就是对组织环境和管理对象的变化与发展做一个良好的把握，通过对各种因素的实时调节与管理，在动态的情况下实现组织目标。相比高校教育管理系统性的动态过程，单一的管理行为是没有办法直接达到管理的目的的，高校教育管理的目的只能在这个动态管理过程中完成。高校教育管理工作的良好实施离不开对管理过程的充分认知和把握，只有对高校教育管理过程进行全面的认知，才能将管理内容进行由整体至局部的拆解，继而彻底做好高校教育管理的各部分工作以及整体上的工作。

（二）高校教育管理过程的构成要素

高校教育管理过程是包含四个基本要素的，即管理者、管理对象、管理手段和职能、管理目标，这四个基本因素是协同合作，必不可少的。以下就是这四个基本因素的具体内容。

第一，管理者。在高校教育管理过程中，谁来进行管理。

第二，管理对象。高校教育管理是一个整体管理的过程，其中必然涉及管理什么，高校教育管理的管理对象众多，人，财、物、时间、空间、信息等都包括在内。

第三，管理手段和职能。高校教育管理必然要通过一定的管理手段和方法才能良好运行，也必然要通过一定的方法实施才能发挥作用，达到管理目的。目前而言，除了行政方法、法律方法、经济方法、教育方法等基本管理方法外，高校教育管理还需要对管理对象进行一系列的包括预测、决策、计划、组织、激励等相关举措。

第四，管理目标。高校教育管理需要有可实现的管理目标，以待后期对管理做出方向上的明确与调整，并最终达到预定目标。

二、高校教育管理过程的特点

目的性、有序性、可控性是一般管理过程的特征，而高校教育管理过程除了一般管理过程的特征，还有以下三方面独有的特点。

（一）是一个高校教育管理工作者与大学生双向互动的能动过程

对高校学生的管理工作是相对复杂的，在高校教育管理过程中，管理者是具有主导性作用的，被管理者则是管理过程中的主体，二者都应发挥自己的作用，努力达成统一。另外管理者和被管理者积极发挥主观能动性，进行二者之间相互影响、相互互动的过程就是高校教育管理的过程。管理者要对被管理者有一个清楚的认知并进行恰当的塑造，而被管理者对管理者的管理举措要有一个正确的理解，遵循管理者的管理指导，对自己的行为进行约束与管理，达到自我教育的效果，从而对管理和自我管理做一个很好的融合，如果被管理者能够很好地接受管理者所传达的思想观念和行为规范，并将其纳入自身的思想品德结构中，那么这种思想纳入可以"内化"成支配和控制自身思想和情感行为的内在力量，帮助被管理者实现由"管"到"理"，由"他律"到"自律"的飞跃。

（二）是有效利用学校的各种资源为大学生成长成才提供指导和服务的过程

高校教育管理的目标是为社会不断培养和输出合格的专业人才，高校教育管理若要发挥最大的效益，就要在高校教育管理过程中对各种资源进行合理的分配与使用，从而帮助人才的成长和发展，另外还要将各种基本的管理要素，如人、财、物、时间等协调运转起来，继而为高校学生的成长与发展提供行之有效的指导。

（三）是与大学生教育过程紧密结合，保证教育目标顺利实现的过程

当今高校学生的特性之一就是思维活跃，在高校教育管理的过程中，要避免伤害高校学生较强的自我意识和自尊意识，这就要求管理者在管理过程中注意管教结合，以实现教育目标为前提，做到管中寓教，教中有管。管理者在管教的过程中还应注意多多提升自身的管理能力，争取在管理沟通工作中做到寓情于理，从而能使高校学生在管理过程中受到启发和教育，并逐渐内化至自身的思想结构，这样一来，受管理过程的长期影响，作为被管理者的高校学生会将内化的思想观念和行为准则转化为自己外在的行为，从而实现由"内化"到"外化"，由"他律"到"自律"再到"自为"的飞跃。

三、高校教育管理过程的主要环节

决策、计划、组织是高校教育管理过程的主要环节，它们之间相互区别，又联系紧密。

（一）高校教育管理决策

高校教育管理决策是指高校教育管理工作者为了达到一定的目标，在掌握充分信息和

对有关情况进行深刻分析的基础上，运用科学的方法，从两个以上的可行性方案中选择一个合理方案的分析判断过程。高校教育管理决策的过程共包含以下四个方面。

1. 研究现状

没有问题就不需要决策，所以决策存在的前提条件是有问题需要解决。因此，在制定决策之前，一定要对高校教育管理过程中是否存在问题进行了解与解析。确定了问题的存在，要分析是属于何种性质的问题，并将问题延展开，分析此类问题是否已经对高校学生的学习和生活、高校自身的建设和发展、社会的发展等产生了负面影响，由此作为依据再决定是否对此制定决策，这些问题同时还是决策的起点。高校教育管理过程中，高校高层管理人员应积极发挥主观能动性，对学生在校园内的生活给予充分的关注，运用自身的职能把握全局，从而找出问题的关键。

2. 确立目标

高校学生在高校学习、生活、对自己专业技能培养和提升时，会面临很多的问题和挑战，我们要在此基础上做出分析，并且更进一步地研究这些高校学生在面临这些可能出现的问题时是采取的何种措施、达到什么效果，也就是说，要明确决策目标。为了确立决策目标，需要准备以下工作。

（1）提出目标

想要确立决策目标，必须先提出目标。上限目标，即理想目标；下限目标，即必须实现的目标。

（2）明确目标的多重性与互斥性

高校教育管理的目标具有多重性，要明确多元目标之间的关系，对于不同年级、不同专业的学生来说，目标的侧重是不同的，一般决策只能在特定时期选择一项作为主要目标。多元目标有联系性也具有互斥性，如对面临着毕业的高校班来说，考研究生、考公务员以及求职之间联系紧密，但互斥性明显。所以确立主要目标与次要目标之后，更要明确它们之间的关系，这样才能将全副身心投入到主要目标活动里去，避免因小失大。

（3）对目标进行限定

不同目标的设立给高校和学生带来的是不同的结果，有利目标的执行，会帮助高校和学生产生有利的成果；不利目标的执行，则很大程度上带来不良的后果，所以高校要平衡这两者之间的关系，对目标加以限定，规定一个程度与范围，在范围内的活动都是被允许的，一旦超出则对计划与目标进行终止。一般而言，有三个基本特征的目标可供衡量和把握，即能够计量、规定期限和确定责任人。

3. 拟定决策方案

选择是在拟定决策方案时的关键，只有提供的可选择方案越多，才能更易做出正确的选择。通过实践，我们可以看出只有通过举办多种多样的活动，才能对目标有一个很好的实现，因此需要拟出多个决策方案来帮助目标的实现。决策目标的成功实现往往伴随着众多的决策方案的实行，因为对于管理者而言，若行事方法只有一种，那么这一种方法极有可能是错误的，这就要求管理者思考多种优良方案。

4. 比较与选择

方案进行拟定以后，就需要对方案的优劣进行评价和比较，进而做出考虑和选择。一般而言，会通过以下三方面因素来进行选择：首先，要检查方案的实施条件是否完备，同时预算方案成本；其次，若方案实施成功，可以为高校和学生带来怎样的短期利益与长期利益；最后要提前预测方案实施过程中可能遇见的各种问题和困难，从而预估方案实施成功的概率有多大。在将所有的方案通过以上三类要素进行评估之后，得出的差异化结果可以帮助我们分析每个方案的优势和劣势，帮助我们更好地选择。在明确方案优劣后的选择，不仅可以让方案的优势得以发挥，还可以对方案中的劣势环节进行充分的准备与解决，并同时预备好应急策略以面对突发情况，从而避免不必要的损失。

（二）高校教育管理计划

高校教育管理计划就是在决策既定目标的前提下，进一步根据实际情况，科学、及时地预计和制定为达到一定的目标的未来行动方案。具体来说，就是通过将学校在一定时间内的活动任务分解给学生管理的每个部门、环节和个人，从而不仅为这些部门、环节和个人的工作以及活动的检查与控制提供依据，而且为决策目标的实现提供组织保证。

1. 高校教育管理计划的制订

一般而言，高校教育管理计划的制订可以遵循以下四个步骤。

（1）收集资料，为计划的制订提供依据

由于计划多种多样，所以进行计划制订的时候，一定离不开不同专业和不同年级高校学生的资源配合与执行，所以计划制订者在制订计划的时候，需要搜集多专业、多年级的高校学生的活动能力及外部资源的资料，为计划者制订计划提供合理有效的依据。

（2）目标或任务分解

依据决策总目标，进行阶段性目标分解实现的分工结构，有助于将长期目标细化成阶段性的目标，从而将阶段性的目标落实进各个部门、各个活动环节，有效地明确每个阶段性目标的责任，促进工作的良好开展。

目标或任务分解的主要目的还是促进学校形成良好的目标结构，即目标的时间结构和目标的空间结构。依据目标结构，高校目标可以分为较高层次的目标与较低层级的目标，较高层次的目标一般而言是总体目标和长期目标，而较低层次的目标一般而言是部门、环节和各阶段目标，目标结构就是描述了这二者之间相互指导与保证的关系。

（3）目标结构分析

目标结构分析主要是研究高校较低层次目标（高校各阶段目标）对较高层次目标（高校长期目标）的保证能否落实，这点对高校教育管理计划的制订十分重要。高校各部分各阶段目标的达成，是促使整体目标实现的必要条件。高校若在阶段目标的实现过程中发现某个或某些具体的目标无法达成，就要考虑采取相关的补救措施，以促进整体目标的达成，若出现具体目标无法补救的情况，就需要考虑对较高层次目标进行相关调整和修订了。

（4）综合平衡

高校教育管理计划的制订还应注意综合平衡的工作。

第一，平衡工作一般分为时间平衡和空间平衡，即与决策目标结构对应的学校各部分在各时期的任务是否相互协调和衔接。分析学校各阶段任务是否相互衔接，以保证学校活动能够顺利进行的工作，是时间平衡方面的工作；分析学校各阶段各部分任务之间是否协调，以保证学校整体性活动能够相互进行的工作，是空间平衡方面的工作。

第二，高校活动是否能够顺利进行与高校对其的资源供应有着密不可分的关系。高校活动的进行和实施离不开高校的资源供应，能够在恰当的时间为活动筹集到足够的物资，保证活动的顺利举行和持续性开展，是综合平衡工作中的一部分。

2. 高校教育管理计划的执行

高校教育管理计划制订之后，就要对制定的计划进行执行，若没有执行的步骤，任何计划都是空谈。在高校教育管理计划的执行过程中，高校管理者和高校学生是计划执行的主要力量，计划的执行过程中是否能够保质保量，是否能够圆满完成，很大程度上取决于执行者，即高校教育管理者和高校学生，在计划执行过程中是否积极发挥了主观能动性。

3. 高校教育管理计划的调整

任何计划执行的过程，都不是一成不变的过程。计划制订后进行执行的期间，时常会有实际情况的变动，而此时执行者就需要根据实际情况对计划的执行做出最恰当的调整。另外不仅是客观因素的影响，随着时间的推移，执行者的认知也会随之发生不断的改变，对计划的实时调整，有助于执行者对计划更好地执行，从而呈现出最好的计划成效。高校教育管理计划同样需要执行者根据实际情况进行不断的恰当调整。滚动计划就是能够符合高校教育管理计划调整的一种现代计划方法，它的特点便是可以在计划执行过程中根据实际情况的相应变化而对计划做出实时恰当的调整。

这种方法根据计划的执行情况和环境变化情况定期修订未来的计划，并逐期向前移动，使短期计划、中期计划有机结合起来。一般计划的制定是符合当时条件下的最恰当的内容，但随着时间的推移与发展，很多因素都会随之变化发展。计划工作的难点之一就是很难从开始就全盘预估到后来的情况，并且随着计划的延长，工作中的变化和不确定性因素会逐渐加剧，如果仍然按照过时的计划开展工作，肯定会带来不可预估的损失和不良后果。滚动计划的采用就很好规避了这种不确定性带来的不良后果。

滚动计划的基本做法放到高校教育管理计划执行的过程中就是，高校先制订好一个时期的计划，然后执行者在计划的执行过程中，要注意高校内外因素的变化，并根据这些变化对计划加以修正，使计划不断地延伸和发展，滚动向前。一般而言，长期计划在执行过程中，所面临的执行环境是非常复杂的，因素变动也是最多的，所以滚动计划方法更多的是在长期计划中的应用，通常是对长期计划进行的修正和调整。如滚动计划可以根据高校内外条件因素的变化和计划实际的开展情况，来进行适时恰当的修整，从而促进一个为高校各部门、各阶段活动作导向的长期计划的形成。当然这种计划方式也不是完全绝对的，也是可以应用到短期计划工作中的，如年度和季度计划的制订和修正。

第四节　高校教育管理的发展

一、管理环境的新变化

（一）国际国内环境的变化决定了高校教育管理环境的时代性

第一，随着时代的不断发展，全球化趋势不断增强，我国在政治、经济、文化、教育等诸多领域的国际交流与合作日趋频繁，高等教育国际化进程加速。其中，作为新生一代的高校学生，在这种大背景下受到的影响最为深远，经受着西方文化思潮与价值观念的强烈冲击。高校教育管理应立足全球化的环境背景，根据自身的发展特点，在吸收国际先进管理工作经验时，发展出一条符合中国高校教育管理特色的道路来。

第二，改革开放后，随着我国经济的腾飞，我国社会结构与利益局面也发生了深刻的变化，这种社会变革深刻地影响着我国的新生一代，高校学生作为其中的代表，受益的同时也遭受着诸多矛盾的影响和冲击。随着高等教育从精英化向大众化的不断转变，高校学生的构成也发生了翻天覆地的变化，越来越多的不同年龄阶段、不同学历层次、不同社会阅历、不同价值追求的人进入高校进修与学习，高校教育管理为适应管理对象多样化的新特点，也应做出对应的变化与发展。

第三，随着高等教育的不断开展，高等教育法制化进程的不断深入，高校学生群体也由之前的法律意识淡薄逐渐向知法、懂法、遵法转变，高校学生群体的维权意识不断增强，权利诉求不断增加，学生需要从学校获得更多的自由和权益，因此高校教育管理在面对这种新情况时，不应止步于简单的学生管理，而是应把"以人为本"和"从严管理"相结合，针对新情况进一步开拓学生管理工作的内容，推动符合时代特征的管理方法的发展与变革。

（二）高校办学模式的变化增加了高校教育管理环境的复杂性

随着社会的发展，高等教育规模和高校后勤社会化进度也在不断地扩充与推进，部分高校从以前的单一校区发展成了多校区，教学也随之发生了变化，很多校园从一开始的封闭式变成了开放式，高校的集群化发展导致部分地区形成了大学城，高校学生在内生活。相比过去而言，生活社区化和成长环境化正逐渐成为高校学生学习和生活的新问题。高校学生的学习、生活、社交、实践、娱乐等活动也随之发生了走出校园、走进社区和走向社会的新变化。这些新情况无疑增加了高校教育管理的工作难度，使高校教育管理对学生的群体管理从建制式为主转变向流动式为主，同时高校学生的安全问题对高校教育的管理者来说也是一个不容忽视的挑战。

学年制井然有序的教育管理模式随着高校学分制和弹性制的不断实行与规范逐渐被打破，高校学生的班级观念不断淡化，逐步形成了以课程为纽带的丰富多变的听课群，高校学生在对专业、课堂、修业年限自主选择后，不同专业甚至不同学校的学生都能够在一起学习，这更增加了学生管理环境的复杂性，同时导致学生管理对象亦日趋复杂。

（三）互联网的发展增加了高校教育管理环境的挑战性

随着信息技术的进步，特别是互联网的发展，社会生产生活方式发生了相应的变化。

一方面，网络已经成为大学生获取信息的主要来源，大学生既是网络信息的生产者，也是网络信息的消费者，海量信息对促进大学生更新知识、拓宽视野有着较大的促进作用，有效地激发了他们的学习兴趣、创新意识、竞争意识，形成新的文化意识和文化精神。另一方面，网络也给高校学生管理工作的有效开展带来了一定的负面影响。网络信息的开放性、快捷性、丰富性等特点，使得知识的权威性受到质疑。网络的虚拟性、隐蔽性使网络成为有害信息的滋生地和传播地。一些大学生沉溺于网上虚拟世界不能自拔，难以明辨信息而上当受骗，甚至出现了网络犯罪等情况。对学生管理而言，网络是一把"双刃剑"，给学生管理工作带来了新的挑战，需要学生管理工作者具有网络化思维，在网络环境中加强学生的正向管理，最大限度地消除网络对学生的负面影响。

二、管理对象的新特点

总体来看，现代大学生思想状况的主流是积极、健康、向上的。然而在目前经济发展和对外开放程度提高的条件下，在各种思想相互冲击的大环境中，大学生的思想活动在独立性、选择性、多边形、差异性上明显增强，容易受到各种思想文化的影响。

（一）不同学生群体的差异性

从横向上看，不同学生群体由于理想追求、知识水平、生活背景、努力程度的不同，体现出了明显的差异性。

第一，党员群体。党员一般是大学生中的优秀分子，是各个大学生在学习、生活、思想上的标杆，是党与大学生练习最为紧密的桥梁和纽带。不管是理想信念、政治意识、政治认同，还是价值观、人生观，相比于其他学生群体思想觉悟较高。对于国家大事有关注，对于良好的社会公德去践行。有着强烈的正义感、集体荣誉感和团队精神，具有较强的自控能力，并且热心于帮助其他人。这些都是党员群体的优点。但是在这一群体中也出现了部分党员党性修养不足、功利性明显的问题，并不能对一个群体一概而论。

第二，学习优异学生群体。这一群体的学生对于学习有一个明确的目标和规划，对于新知识有着强烈的求知欲和探索精神；坚持真理，敢于批评；有时间规划，讲究高效率；有着良好的学习习惯，对于学校和班级的规章制度能够自觉遵守。但是在这一群体中，有部分学生存在对班集体没有融入感的缺点。

第三，后进生群体。这一群体学生存在的问题是：没有明确的理想信念，没有承担社会责任的意识，错误的价值观念，不遵守规章制度。

第四，经济困难学生群体，这一群体学生的特点具有多样化。他们既有好的一面，比如，有上进心和爱心，具备自强不息和艰苦奋斗的精神；也有存在缺陷的一面，如精神负担重。这一群体的特殊性在于，好的一面与有缺陷的一面能够在一个个体上体现。

（二）不同年级的学生有不同的特点

从纵向上看，不同年级的大学生呈现出不同的特点。

1. 大一年级学生

大一的学生初入大学，对于新生活抱有期待，热衷于参与新鲜事物，希望能够尽快转变自己的角色，具有较强的自尊心。但是大学和高中生活差异较大，学生不再是单纯的学习。有部分学生出现学习目标丧失、人际关系混乱、理财和生活经验缺乏等问题。

2. 大二年级学生

大二学生已经度过了初入大学的新鲜感，对于学习目标和自我定位有了更加理性的认识，在主动意识和学习意愿上较强烈。

3. 大三年级学生

大三学生在人生目标的制定上更加贴近现实，重视学习成绩和相关活动，在学习习惯上更加有规律，更愿意自己一个人开展学习活动，对于参加集体活动的意愿不强烈，更加关注自身技术和能力的提升，出现"考证"热潮。

4. 大四年级学生

大四年级分为几个阶段。上半学期所有学生都处于紧张状态，准备保研的学生四处奔波，学生压力增大，他们都会不同程度地表现出焦虑、急躁等特征；下半学期，除尚未找到工作的学生外，其他学生的学习、生活开始呈现出散漫的状态，学生自由时间增加，社会兼职增多。毕业前夕更是表现出聚会多、安全隐患多等特点，毕业生离校教育管理的工作量大大增加。

三、管理任务的新要求

在高校学生管理的任务中，最根本的是要解决学生的实际问题。重视学生管理任务，不仅是高校教育的要求，更是社会发展的需要。大学生作为国家的栋梁之材，重视学生的培养是十分重要的。在高校教育管理中要明确人才培养的具体标准，以及培养人才的方法措施，要抓住育人这一重点任务，坚持"高校教育，育人为本；德智体美，德育为先"的原则，从教书育人、服务育人和管理育人入手，运用理论教育的同时要结合实际，教育要做到内容与时俱进，形式符合实践，明确学生的需要，根据实际情况为学生解决具体问题。

辅导员作为大学教育中最贴近学生的群体，要明确其在教育管理工作中的职责和任务。具体体现为：①服务育人工作以及班级建设和管理，要从日常小事出发，让学生习惯正确的行为举止和思维方式。②遵循规律，要根据学生的实际情况调整教育方法，在继承旧理论、旧方法的同时进行创新，使用学生易于接受的方法开展工作，进而促使学生成长和成才。③提高自身的工作技能和水平，面对的大学生也不一直是一个群体，辅导员也需要不断学习新知识，扩充自己。④及时对工作进行调查和研究，根据工作对象和工作条件的变化，对工作思路和方法进行调整。⑤学会运用新的工作载体，拓宽工作渠道，对现代科学技术手段和方法进行运用。工作要根据学生的具体情况来进行，增强工作的吸引力和感染力。

目前，高校学生管理任务的现实要求有以下几点。

（一）一体化运行

对于现在具有时代性、复杂性、现实性、挑战性的高校教育管理环境，传统的学生管理已经不适应新环境的变化，学生管理应该向教育、管理、咨询和服务拓展，要将高校教育管理的基本任务确立为大学生的群体组织管理、行为管理、安全管理、资助管理以及管理的评估。想要实现学生管理工作的一体化运行，需要大学管理部门的协调运行，合作促进学生的管理工作顺利开展。

（二）专业化发展

高校学生管理必须要走专业化道路的原因在于：高校教育管理环境的变化，管理任务的细化，管理对象的变化和高要求。对于学生管理的效率和效益都有提高作用。

（三）个性化服务

随着高校教育的改革和社会的发展，现代学生更重视自己的个性化发展，高校教育要根据这一现状转变自己的服务和管理，最好能够实现个性化服务。高校教育通过针对每位学生的教导，促使每位大学生成长和成才。

（四）信息化促进

网络使学生管理工作面临新的挑战，已成为学生教育管理的重要阵地之一。这就需要高校学生管理工作既要利用网络加强对学生的教育、管理和服务，形成网上网下教育和管理的合力，又要充分利用现代网络技术，建立起信息化、网络化的学生管理系统，切实提高工作效率，更好地为学生服务。

（五）法制化保障

在高校教育管理中也要重视法制化。实现法制化主要体现在两个方面：①学生方面，学生遵守国家的法律法规，不能触碰法律的底线，对于法律文件上有明确说明的，要遵守相关规范，对于法律文件上没有的，要根据社会道德标准和法律基本原则来做。②高校在制定学生管理制度时，要以国家和地方的法律条文为基点，并且考虑学生的具体情况，收集学生的建议和要求，从而保证规章制度的科学性和适用性。只有采取这样的方式，才对学生管理的权威性和学校的秩序保障有促进作用。

第二章 高校教育管理的功能

第一节 规划与组织功能

功能是指事物和方法所发挥的有利的作用。高等教育管理的功能是指，通过管理在高等教育活动中所产生的有效的作用。我们研究高等教育管理在整个高等教育的活动中具有什么样的功能，其实质是想从它的作用与自身利益价值来认识高等教育管理的实质及其意义，通过有效地管理，使管理中的要素运用到最佳状态，使各项管理活动尽量达到理想目标。管理的内容是通过组织的目标来确定的，围绕组织目标的实施，投入所需要的人、财、物等资源，对组织的这些资源进行有效运用，这种资源是有形的、物化的。通过有效的规划和组织、协调和控制来进行。一般来讲，管理就是指在一个集团组织内部，确定了管理目标以后，并且围绕目标的实现展开的活动。所以，管理的内容就是规划、组织、协调和控制。其实，计划就是规划中的范畴，领导就是组织的范畴，至于协调就是贯穿在组织活动和活动控制过程中的范畴。

规划是指对事物未来的发展进行预期目标和工作计划的整体设计。从宏观来讲，规划功能是指高等教育管理中的战略发展规划这一事物的有效作用；从微观高等教育管理来讲，是指高等学校的事业发展规划的功用。规划是管理活动中首要的任务，因此，它的功能也是我们首先必须要弄清楚的。这里的组织实际是指项目与活动的规划出台后，具体进行的组织实施。通过组织管理运作模式和运作机制，组织和调配相应的资源实施这一计划。组织实施是管理活动中方式方法的另外一个问题。这里主要围绕高等教育中的规划问题展开讨论。

一、高等教育规划的依据

在计划经济时代，高等教育规划就是指高等教育计划。中国的高等教育计划是20世纪 50 年代末、60 年代初，在世界经济大发展的背景下，受计划经济体制的影响逐步产生和发展起来的，随着市场经济体制的推进，作为影响高等教育系统发展的一种技术手段，高等教育计划通过对高等教育系统进行合理的分析，使高等教育系统更好地满足个人和社会的需要，更有效地实现个人和社会的目标。因此，高等教育计划的产生和发展与社会经济、人口发展对高等教育的需求密切相关。

（一）高等教育规划产生的社会背景

经济因素。我们这里讲经济因素实际上是两个方面，一个是国家经济体制的因素，另一个是经济发展的需求问题。20 世纪 50 年代末、60 年代初是世界经济大发展的时代，伴随着这一时代经济繁荣的一个必然后果是国民对高等教育需求量的增加。而在中国，教育的需求主要与国民经济的发展需求相适应，与国家政治的需求相适应。由于国家的政治经济体的性质决定了国民的财产与生活基本上是靠集体所有制和全民所有制来管理，国民自己所拥有的劳动剩余价值没有多少，没有什么资产，国民需求与国家教育规划没有多大的联系。随着国家政治经济体制的改革，计划经济体制向市场经济体制转变，人及人力资本成为市场的经济体，人有了资产，人的教育需求有了经济基础，教育的需求问题不仅仅是国家的需求问题，也成为一种社会需求，一种国民的教育需求，而不再仅仅是国家机器的需求。根据恩格尔定律，随着人们收入水平的提高，用于生活必需品方面的支出占整个收入的比例会不断下降，而用于包括教育在内的其他非生活必需品方面的支出占整个收入的比例会不断上升。

人口因素。人口的因素主要是指人口增长对教育需求的影响。除了经济因素外，人口因素是导致国民高等教育需求量增加的一个重要因素。20 世纪 60 年代后，许多国家开始把制定高等教育事业发展规划作为政府的一项重要教育管理职能，不少国家还建立起了专门负责进行高等教育规划的机构，企图借此确定高等教育的发展目标，以及高等教育系统中各个部分的先后发展顺序，为政府进行高等教育决策提供指南，使高等教育系统中资源的使用尽可能优化。总之，人口的因素主要是人口增长与教育资源的矛盾问题，这是教育规划中教育规模规划的重要依据。历史地或全面地看，如果完全按照市场来决定高等教育的需求问题是不可能的，教育不可能市场化，教育问题不可能完全由市场来解决，特别是中国的现状，教育规划仍然带有国家性。这是因为，目前还有相当一部分国民还不可能完全靠自身的经济能力解决教育需求的问题，还必须依靠国家或者社会解决自身的教育需求问题，主要的解决途径还在国家，靠国家的经费投入和高等教育财政补贴。所以，国家的教育规划，特别是高等教育规划就显得十分重要。

人力资本因素。市场经济体制的建立，人力资本是最活跃的因素。人力资本的来源主要是通过教育的生产来达到，人力资本需求越旺盛，教育的需求就越旺盛，人力资本的质量和水平要求越高，对高等教育质量与数量的需求就越高。随着高等教育在社会经济生活中的地位日渐提高，人们研究教育与经济关系的兴趣日浓，在这种情况下产生了人力资本理论。人力资本理论创立的动力来自经济学家对经济增长问题研究的兴趣。传统西方经济学把土地、劳动、资本看作生产的三个要素，在一定时期内，生产的产量是由劳动、资本和土地三个基本要素的投入量决定的。二次世界大战后，西方经济学家从对经济增长中生产要素组合比例的分析中发现，影响经济增长的因素除了资本的投入和劳动的投入外还有其他因素。那么，其他的因素是什么呢？人力资本理论把这些因素归结为知识的进步、技术的改造和劳动力质量的提高，即归结为人力投资，特别是教育投资的结果。人力资本理论的核心概念是人力资本，它指的是人所拥有的诸如知识、技能及其类似可以影响从事生产性工作的能力，它是资本的形态，是未来的薪金或未来的偿付的源泉，人的资本形态体现在人的身上，属于人的一部分。人力资本是相对于物质资本而言的，它是一种生产要素资本，对生产起促进作用，是经济增长之源泉，并且和物质资本相比，在经济活动中的作用更大，对经济增长的贡献更大。倡导人力资本理论的学者尤其重视教育投资的作用，认为教育不但是一种消费，也是一种投资活动，能够提高劳动生产率，产生经济效益。在各种人力投资形式中，教育投资是最有价值的。对个人而言，个人接受教育可以增加知识和学习技能，提高个人所得。就社会而言，教育为社会培养各类人才，提高其生产力，促进了社会经济的发展。同时，由于个人的教育水平同个人的收入联系在一起，一个人的教育水平越高，其工资收入越高。因此，国家可以通过平均性的教育发展政策减少国民教育水平的差异，从而相应缩小国民收入分布的方差，最终促进社会的平等。人力资本理论对教育与经济之间关系的新认识不仅带来了人力投资革命，而且对教育界产生极大震动。无论是发达国家还是发展中国家，都把教育看成是经济发展的一个重要变量，相信教育的繁荣不仅会带来政治的安定和文化的进步，还必定会促进经济的加速发展。

（二）高等教育需求的构成

1. 社会对高等教育的需求

社会对高等教育的需求反映了社会政治、经济、文化等的发展对高等教育所提供的人才数量的多寡、质量的高低、规格和种类以及知识的创造、科学技术的更新等方面的要求。具体说来，社会对高等教育的需求主要体现在以下三个方面。

（1）经济发展对高等教育的需求

随着经济的不断发展，社会对高级专门人才的需求在不断增长。就我国情况看，由于各地区、各行业生产力发展水平有很大差距，表现为多层次的生产力结构，所以各地区、各部门对高级专门人才的需求是有差别的。另外，高技术产业的崛起，信息时代的到来，产业结构的变化，对人力资源的组合也提出了要求，自然，这些要求最终反映在对高等教育的需求上。从生产力发展的需求来看，为了最大限度地满足社会的教育需求，许多国家开始对高等教育系统进行分析、规划和改造，并为高等教育系统的发展制订规划。许多国际性组织，如世界银行、联合国教科文组织、经济合作与发展组织等也进行了大量的教育规划、研究、培训、实践工作，推动了整个世界对高等教育事业发展规划的重视。

（2）政治发展对高等教育的需求

各个国家和政府都要维持和发展其政治体制，要保持其在国际上的竞争力。教育是有效地维持和发展现存的政治结构的重要工具。在我国，社会主义事业的发展要求有大批合格的接班人，尤其是政府部门的各级领导和管理人才。随着我国政治体制的改革和完善以及国家公务员制度的实施，国家政治的发展对高等教育的需求亦会越来越大。

（3）文化发展对高等教育的需求

人类在认识和改造自然与社会的同时，也促进了自身的发展和提高。人类在长期的社会实践活动中，不仅创造、积累了光辉灿烂的人类文化，而且还要不断保持和继续创造更加灿烂的人类文化。对此，高等教育起着特殊的作用，人类文化的发展对高等教育有着巨大的需求。

2. 个人对高等教育的需求

从个体对高等教育的需求上看，尽管这种需求受到很多因素的影响，但经济水平的提高是一个非常重要的因素。研究表明，人们的教育需求与他们的收入水平是密切相关的，收入水平高的国家，高等教育阶段学龄人口的在学率也高，一定高经济收入的家庭对高等教育有很旺盛的需求。所以，高等教育的规模、层次、质量、水平等的需求是高等教育规划最基本的背景。在高等教育规划的背景中提到过个人需求与计划的关系，这里，我们更进一步地分析这种需求关系。个人对高等教育的需求主要反映了个人对高等教育发展所提供的受教育机会、受教育的质量，这一要求是由人的职业需要、成就需要、真善美的需要引起的。

职业的需要。随着社会主义市场经济体制的建立，劳动力市场也不断地走向成熟和完善。开放的劳动力市场对不同质量的劳动提供不同的市场价格，而人力素质往往由受教育程度的高低来界定，受教育程度越高，谋求理想职业和获取较高报酬的机会就越多。这促使个人尽其所能去争取较高的、较优的教育机会，期望得到较好的工作机会和报酬。高等教育是教育层次中最高层次的教育，是专业教育，自然就成了个人职业竞争的初始焦点。从这个角度说，个人的高等教育需求是最现实的、最迫切的。

成就的需要。成就的需要包括谋求较高的社会地位，以期获得别人的尊重；发挥个人的聪明才智，获得工作的成就。这些需要的满足往往是以接受高等教育为前提的。能够接受高等教育本身就是一种成就，即学习成就的一种标志，而接受完一定程度的高等教育又为今后在工作中取得成就，得到更好地发展奠定了基础。

真善美的需要。真善美就是向往追求真理，追求人自身道德的完善，追求美的情感和事物。在某种情况下，真善美的需要不可忽视，它是人们追求高等教育的一种动机。真善美的需求往往没有被人们重视，而实际上，但凡接受高等教育的大学生，在校园文化的熏陶下，德育、智育、体育、美育等方面都得到了发展。学校德育的影响使大学生的世界观、价值观，道德上的真善美得到升华；知识的学习使大学生认识世界、改造世界的能力大大增强，人变得越来越聪明，真善美的识别能力得到增强；体育不仅训练了人的形体美，而且也培育了大学生对体育美的欣赏；至于美育既是专门教育的结果，也是整个大学校园文化综合的结果。

以上几种个人需要构成了个人追求高等教育的基本动机，体现了个人对高等教育的需求。个人和家庭是社会的一部分，所以，个人对高等教育的需求也可看作是社会对高等教育需求的组成部分，应当重视对这部分需求的研究。因为，个人的需求往往是社会需求中最敏感的部分，社会发展对高等教育提出的各种需求常常是通过个人的需求首先反映出来的。个人的需求和社会的需求有着紧密的联系，两者在很多情况下往往是一致的，个人的需求也会影响社会的需求。由于资源有限，社会需求和个人需求不可能都得到满足，不断地会有需求矛盾的产生，即使是富裕社会，往往也不能完全满足民众对高等教育的需求，可能会产生新的需求矛盾。因此，在高等教育的规划中，需求是根本，从一定的意义上讲，没有旺盛的需求就没有兴旺的高等教育，需求推动了高等教育的发展。

（三）高等教育规划的方法

根据高等教育的需求来自社会和个人两个方面，以高等教育的需求为基础的规划方法相应地也有两种：一是人力需求法，二是社会需求法。

1. 人力需求法

人力需求法是一种运用得较为广泛的规划方法。其基本假定是：经济发展有赖于教育提供促进经济增长所需的各种受过教育和训练的人力，各经济部门的劳动生产力投入与产出结构是可以预测的，每一种产出和劳动生产力的水平都与一种特定的职业结构相联系；每一职业都有最佳的教育结构；技能和教育之间存在对应关系；劳动力市场的过剩或短缺通过发展教育来协调。因此，必须首先借助于规划来预计通过高等教育培育的人才数量与质量，确定社会需求的总量以及各级各类人才的数量，指导高等教育机构来完成教育任务。人力需求法的基本原理是以社会经济发展对人力的需求为出发点来制订规划。具体地讲，通过了解国家在某一时期劳动力的职业与教育结构和产出水平之间存在的联系，以此来确定高等教育的质量与数量。根据人力需求法原理，如果知道了以下几个方面的数据，任何未来经济部门每一职业所需人力数，每一职业现在人数，每年由于死亡、退休或离职等原因造成的每一职业的减员数，每年离开一种职业又进入另一种职业的人力流动数，这样便可使规划期每一年人力总数和每一职业的人力总数定量化。假定每一职业的人力仅与一种特定的教育相联系，那么，所有教育层次和所有学科的所需产出就可计算出来。在供应方面，如果具备规划内每一年现行教育制度期望的产出数据，便可计算出目标年每一职业所需补充人力数与实际可供应数之间的差额，据此可以调整和规划各个层次和学科的招生数和毕业生数。

从经济与人力资源的需求平衡来预测和规划，应从如下几个方面考虑：

预测经济总产出。因为人力需求预测的目标是把教育与经济发展联系起来，所以，首先要预测目标年的经济总产出或预测基年与目标年之间的经济增长率。

预测部门产出。将经济总产出分解为各个部门的产出，计算出国民生产总值在各经济部门的分布。这里的部门是指国家的行业管理部门。

预测部门的劳动生产率。估算劳动生产率以及基年与目标年之间劳动生产率的变化，把产出目标换算为人力需求。

预测各部门的职业结构。把每一部门的劳动力分解为职业组，统计出职业组的需求结构。

预测总职业结构。将全部部门同类职业所需人力相加，得到为实现经济产出目标所需的每一职业的人力数和综合职业结构。

估计每一职业所需的教育层次和类型或每一部门内每一职业所需的教育层次和类型。

估算附加人力需求。根据受过教育的各级各类人力的现有储备，考虑计划期内离职和流动人力数，得出按教育水平表示的计划期内所需附加人力数，人力供求。根据计划期每年的附加人力需求数和各级各类学生毕业情况，考虑毕业生的劳动参与率，规划每年各级各类学校的招生数。

2. 社会需求法

社会需求法是基于人力需求法，然后对整个社会的政治、经济、文化的发展来考虑的。对于一个国家来讲，不仅仅是考虑需求的个体、局部，而且要考虑国家的整体，如地区、行业的需求，是更宏观层面上的需求。社会需求法是一种常用的高等教育规划的方法，其思想是以个人对高等教育的需求为出发点，把高等教育个人的投资和消费集合成整体，并尽可能满足个人对高等教育的需求，以这种需求为基础制订高等教育整体规划。同时，社会需求法还要站在更高的角度，预测整个社会未来可能的需求。社会需求法是以个人的教育需求为基础的规划方法，这里的社会需求是一个集合概念，它把个人的决定总合起来。从另外一个角度讲，社会需求法的基本原理是建立一个描述教育系统的模式，用学生从一级教育向另一级教育的流动来描述教育系统的活动，那么，人口预测是其基础，升级比例是其最重要的参数，结果是毕业生与社会的需求平衡。特别是当一个国家的社会需求产生社会发展与教育之间的矛盾时社会需求就会产生作用，极大地影响高等教育规划，并以此来预测和规划未来的高等教育。

3. 组织发展需求法

前面我们研究的出发点是在宏观高等教育管理的基础之上的，对于微观高等教育管理，学校组织的规划一般是根据上级教育行政管理部门的要求，特别是学校的发展来组织制订的。学校的发展目标、学校的资源状况是学校组织制订规划的依据，组织发展的需求是制订好规划的动力。

二、宏观高等教育规划

宏观高等教育规划是国家及政府层面上的规划，我们可以称之为战略性的规划和指导性的规划。这一层次上的规划有许多，我们主要分析有关事业发展类的规划。譬如，编制国家的高等教育事业发展规划主要有三个方面的工作要做。

（一）提出规划的指导思想

规划要以国家关于高等教育发展的总方针和有关精神为指导思想，以国家教育事业发展的总规划为依据，贯彻科学发展观，加强统筹安排，控制高等学校设置的数量，提高高等学校设置的质量，调整和优化高等学校布局结构。

（二）设计规划的内容

一是总结和分析前一个时期高等教育发展的整体情况。高等教育的需求与目标完成情况；高等教育资源结构布局情况；高等教育改革情况；高等教育经费情况，特别是高等学校的经费保证和财力支持情况；高等教育办学条件情况；高等教育资源的现状，包括数量分析和结构分析。二是提出今后一段时期高等教育发展的目标。根据上一个时期目标完成情况，在充分考虑现有高等教育资源的前提下，提出今后一段时间高等教育的总体规划目标，如高等教育的发展规模、发展速度和高等教育的各种结构协调、教育层次的发展等规划。三是高等教育经费财政保障。提出预算内教育经费增长的政策保障和具体措施，以此作为高等教育发展的前提。四是完成目标的步骤和措施。

（三）编制规划的程序和方法

地方高等教育事业发展规划相对于国家层面上的规划有些区别，但总的格式没有大的差异。一般来讲，地方政府的高等教育事业发展规划应根据国家的有关精神和要求进行编制。

（四）编制规划的内容

规划的内容也基本反映在四个方面。一是本地区前期高等教育发展的整体情况，除了发展的规模、结构、质量、速度外，还有前期本地区财政性支出对高等教育支持的情况。本地区办学条件的总体情况。分析本地区高等教育资源的现状，包括数量分析和结构分析。二是根据本地区前期经济社会发展需要和今后高等教育发展的规划目标，在充分考虑现有高等教育资源尚可利用的剩余容量前提下，提出本地区今后高等教育发展的规划。此规划应包括高等教育的总体规划目标和各级各类分项目标。三是经费来源和财政保障。提出今后保证本地区高等教育经费预算内事业费年均水平比上一时期有增长的政策保障和具体措施，以此作为本地区、本期间高等教育发展的前提。四是完成规划的具体步骤与措施。同时，地方高等教育规划受国家的指导和控制，国家为了保证各地方高等教育的协调发展，在确定地方高等教育规划的时候，要提出审查意见，履行审批手续和程序，这也体现了《高等教育法》对高等教育的管理，是高等教育管理体制所决定的。

三、规划功能分析

既然规划功能是指规划的效用，那么，规划的实质内容主要表现在两个方面，一是规划中的目标的科学性，二是为达到目标所制定的工作方案的可行性。规划是一种预期设计，结果也是预期的，实际上，真正的效用要通过结果来检验，我们讲规划中的目标的科学性和方案的可行性，只是一种过去经验性的思想要求。目标的科学性主要指目标的确定是通过一定的科学程序完成的，是通过各个层面以及专家系统的作用来实现的，是经过了科学的研究与论证确定的。方案的可行性也是指完成目标的工作步骤和措施是否客观，方案的设计是否考虑到了各工作要素和客观环境条件，是否与这些因素有太大的冲突等。综观一些高等教育事业的发展历史，对比过去，我们感觉到现在的编制规划越来越讲求实效，目标的确定越来越清晰，基本上通过定量与定性的指标反映出来，可定量可定性的时候一般是定量反映。而在这些量化指标的背后，在这些定性描述的背后是经过了许多人许多程序形成的。我们下面以高等学校事业发展规划来加以说明。

（一）规划的顶层设计功能

不论是宏观高等教育管理还是微观高等教育管理，规划是顶层设计。

宏观高等教育管理中的规划对于高等教育的大政方针、发展方向和发展目标都进行了宏观的规划，给出了整个国家或地区的高等教育规划发展蓝图。

微观高等教育管理规划是学校组织发展的顶层设计。

微观高等教育管理规划中确立的办学思想是学校发展的灵魂。

从以上可以看出，学校遵循科学发展观，准确把握当代高等教育发展趋势，紧紧围绕区域经济和社会发展需求，对当前和今后一个时期学校的发展进行了科学的定位。规划要反映以下六个方面的定位。

第一，发展目标定位。用几十年的时间，把学校建设成为优势突出、特色鲜明的高水平综合性大学。

第二，办学类型定位。经过不懈努力，使学校由目前的教学型大学发展成为教学研究型大学。

第三，办学层次定位。以本科教育为主，积极发展研究生教育，适度发展高等成人教育和职业技术教育，努力拓展国际合作教育。

第四，学科门类定位。以服务行业的优势学科为特色，以工、农、文、理学科为重点，多学科门类协调发展。

第五，培养目标定位。培养基础扎实、知识面宽、综合素质高的具有创新精神和创业能力的高级专门人才。

第六，服务面向定位。立足地方，面向全国，服务地方，服务行业。

（二）规划的战略功能

规划具有国家高等教育发展战略功能、地区高等教育发展战略功能、学校发展战略功能。它是一个战略谋划过程，这是规划的性质决定的。

国家和地区的宏观高等教育发展战略把高等教育的大政方针、目标措施等进行系统集成，成为中长期的发展战略蓝图。

1. 规划确定学校发展的具体目标（具体内容略）。

（1）学科水平大幅提高；

（2）人才培养质量全面提高；

（3）办学效益明显提高；

（4）师资队伍建设登上新的台阶；

（5）科研实力登上新的台阶；

（6）校园建设登上新的台阶。

2. 规划提出实现目标战略的具体措施。

（1）实施重点学科建设，全面提高学科建设水平。

①精心实施学科建设规划。

②创新学科管理体制和运行机制。

（2）实施"质量工程"，培养高素质创新型人才。

①实施人才培养"质量工程"。

②深化教育教学改革。

③强化学生实践动手能力。

（3）实施"人才工程"，建设高素质的师资队伍。

①实施"人才强校"战略。

②营造人才成长的良好环境。

（4）实施"校园建设工程"，改善办学基本条件。

①加快校园规划建设。

②大力改善办学条件。

（5）构建学术平台，增强科技创新能力。

①加快科技创新体系建设。

②推动科技与经济社会发展的结合。

③加强对外合作和学术交流。

（6）深化校内管理改革，提高管理水平和办学效益。

①完善校、院（系）两级管理模式。

②深化人事分配制度改革。

③推进后勤社会化改革。

（7）加强党建工作，保障学校改革和发展。

①加强领导团队建设。

②加强精神文明建设。

③探索民主管理的运行机制。

（8）建立健全规划实施机制，确保发展目标的实现。

①加强财源建设。

②健全完善规划的制订、协调机制。

第二节　控制与协调功能

高等教育管理实施过程很重要的部分就是控制与协调。控制就是对组织运作及组织活动进行规范性干预，大都是制度性的、行政性的甚至是强制性的干预。而协调除了有些是通过控制的手段外，更多的是用技术和软性的方法来解决管理活动中的问题和矛盾，包括通过管理艺术化解矛盾。这里我们主要研究控制问题。

一、高等教育目标控制

（一）高等教育目标控制的必要性

高等教育目标的实现程度是衡量高等教育管理效能的重要基准，也是高等教育控制的主要依据。高等教育目标又是相对于一定社会对高等教育的需求而言的，是预设的推动预期高等教育目的实现的导向和标准，因此具有预见性特征。随着时间的推移，高等教育活动主客观条件的变化，不论是宏观高等教育管理还是微观高等教育管理，对高等教育目标适时进行控制和校正有其必然性。

同时，高等教育目标又深深地带有目标制定者对教育价值判断的印记（如对普通教育或学生个性应达到的结果的不同认同），而现实的教育目标的实行通常并不完全按照教育理论家或政治家们的设想去进行。对于高等教育目标操作中出现的与理想之间的偏差自然也需要控制。

各教学和行政管理部门在贯彻和实施高等教育战略目标以及和办学目的有关的计划、程序时，往往需要制定详尽的子目标，各子目标之间是相互关联的，它们之间的协调是重要的，也是困难的。人们往往会因各自不同的目的或利益而发生矛盾甚至冲突，尤其是在功利性色彩较为浓重的组织活动中，对各自目标的追求和竞争在很大程度上代替了对总目标的无条件服从。对于子目标执行过程中出现的种种偏离总目标的行为，需要有一定的制度和机制对其实行调控。

历史地看，高等教育发展要经历数量扩张与质量提高之间的矛盾。对数量目标或质量目标的侧重往往带有功利性目的，如服从于一定的政治目的（如教育机会均等），要以数量发展为保证；而从维护高等教育自身的学术地位来看，质量目标似乎应首先考虑。然而，数量发展并非没有限制。一方面，数量的过度扩张必然带来教育资源分配的紧张（尽管适当的数量规模有助于管理效益的提高）；另一方面，数量的增长也可能损及局部的质量。对于高等教育质量控制，除了数量因素外，系统内部已有的制度、管理人员的素质、师生之间的互动、学生的成绩、毕业生的受欢迎程度等都是质量控制的重要内容。在此，我们拟从高等教育数量控制和质量控制两方面简单探讨一下高等教育目标控制问题。

（二）高等教育数量目标控制

就中国情形而言，招生问题上的主要矛盾在于：政府每年对招生规模的限制与地方和学校面向社会自主办学的需要（包括招生计划编制调控上享有的自主权）。我国普通高校招生计划管理的现状是：每年由国家教育部和国家计委根据国家经济和社会发展的总体规划，经过综合平衡，提出当年全国普通高校年度招生总量，各省市和中央各部门在国家宏观计划和方针政策的指导下，根据本地区、本部门的实际需求、生源情况及所属普通高校的实际办学条件，编制本地区、本部门的招生计划。但问题在于，地方高校是由省级政府部门管理的，中央部属高校由主管部委管理，地方高校和中央部属高校招生计划互不相通，这种条块分割状况，造成了有些院校的专业因人才需求所限而无法保证一定的规模，而有些专业人才的培养一哄而上，专业重复设置现象严重。这两者都造成资源投入上的浪费。对于各高校来说，在激烈的生源市场竞争中谁也不甘落后，只要政策一有松动或有可变通之处，就有可能出现招生超计划的现象。所有这些都给国家对招生数量的有效控制带来了障碍。

在对高等教育数量目标进行控制过程中，有必要分清政府主管部门与学校两者的不同职能、权利及义务。

政府宏观调控职能，应包括以下几方面：

（1）向学校及时、准确发布人才需求信息（包括数量、层次、规格、专业、学科、地区需求等）；

（2）制订长远发展规划，对学校进行总体指导；

（3）依据学校的办学条件，合理核定招生总量规模；

（4）制订扶植学校发展的方针、政策和措施，使学校的发展不致过分地受到市场的影响，保持学校发展的相对稳定性；

（5）对学校进行定期评估，并把评估结果作为学校改善办学条件、决定能否享有或继续享有一定程度招生计划自主调节权的重要手段。

（6）学校方面若要实行招生计划自主调节的职能，则应有以下保障条件。

①研究、制定学校发展的中、长期发展方向、目标和总体规模，并经主管部门核定；

②对学校的教学质量、科研水平、产业发展、学校管理、办学条件等应承担相应的责任；

③在政府宏观指导下，学校逐步建立自我发展、自我约束和自我调节的机制。

（三）高等教育质量目标控制

1. 高等教育的质量标准

将高等教育目标分解为数量目标和质量目标，是从高等教育增长方式角度来划分的。高等教育目标还可以从高等教育功能的角度来考查。如随着社会的进步，高等教育活动正呈现多元性：保存和传递人类已有的文明成果，培养和提高公民的素质；探求未知领域，发展科学技术和文化；满足社会对人才开发及科技开发、应用等方面的要求；大学直接参与社会经济建设，服务于社区和国家建设等。这些活动同时也构成了高等教育的目标体系。由于现代高等教育具有多方面的目标与功能，因而，衡量高等教育质量的标准也不是单一的。学术标准是其中十分重要的一条，但绝非唯一。除学术标准外，还有一个高等教育的"适切性"问题，即是否适应社会发展的需要，是否切合受教育者身心发展等。一般而言，高等教育系统内部往往倾向于强调教学、科研的学术标准，强调学科、专业的内在逻辑和科学性，而社会（包括用人单位、学生、学生家长等）更多地关注高等教育活动对现实的适切性、实用性。如在缴费上学的条件下，对入学的投入能否保证更大的回报；高校的科研是否能向企业提供新产品、新工艺，从而给企业带来可观的经济效益。在理想状态下，高等教育质量应兼顾学术、社会需求、受教育者意愿和能力等多方面因素。在对高校的质量评估标准中，专家们也力图全面反映这些因素。例如，评估学生教育成果应包含的内容。

（1）在校率和毕业率；

（2）学生普通教育成绩；

（3）学生主修专业成绩；

（4）完成教育目标后学生的理解能力；

（5）学生情感发展；

（6）学生、毕业生、雇主、退学学生对专业教育质量的意见；

（7）研究生/职业教育等业绩说明；

（8）从两年制学校向四年制学校转学后的学生情况；

（9）外界对大学生和研究生成就的认可情况。

在实际操作中，诸多因素兼顾是困难的。但是如果我们根据不同的质量标准（尤其是学术标准），将高等学校做适度分级，问题的思路可能会变得清晰些。同一课程在不同性质学校的专业里，其学术性程度是不同的，衡量这门课程的质量标准自然也不同。如工科教育中的数学课和理科教育中的数学课是不一样的，前者强调数学作为一门工具性课程的实用价值，而后者十分注重数学课的逻辑性、探索性。以此类推，每所学校根据不同的功能定位，其学术水平的要求可以有差异，每一层次的学校可以在同类中进行竞争，并进一步进入更高层次的学校行列。

宏观的质量标准反映在适应度，主要是指高等教育与社会经济发展的适应度。科学技术与科学文化知识创新水平，培养的人力资源的数量与质量是高等教育适应度的主要内容。高等教育组织办学的质量标准正在探索和完善，特别是综合考查学校办学的质量、水平、效益等，已经逐步成为高等教育质量标准的主要内容。目前我国评价大学质量标准方面的研究有些进展，但主要是在教学与学术方面，还不完全是学校的整体质量。教育部关于本科教学工作水平评估的指标体系比较清楚地反映了教学质量标准的情况。

2. 高等教育质量控制手段

从时间上看，高等教育质量控制可分三类。

（1）前馈控制

前馈控制的主要内容是指对高等教育质量设置的过程进行控制，对高等教育质量运行的方案设计进行控制，尽量使将要出现的问题予以避免。

（2）过程控制

它关注高等教育质量活动过程与高等教育目标的契合程度。在高等教育运行中，不断地设置一些中期评价的行为，以对出现的问题做出诊断调整，使运行过程不至于偏离目标太远才去采取校正措施，最大限度地保证高等教育质量。

（3）反馈控制

反馈控制绝不是活动全部结束了，利用活动的结果进行信息反馈来加以控制，这是一个误解。反馈控制仍然是在管理活动的过程中，对于某项活动的运行状况随时进行信息反馈和控制。当然，终结反馈也是必要的，终结反馈的结果只能是对下一个循环进行调控。要注意反馈信息管道的正常与多元，避免错误反馈。通过建立专业性鉴定委员会等方式加强反馈信息的权威性，不应将事后的质量评估视作工作的终点，而应积极地为新一轮工作活动提供质量控制和改进建议。

二、高等教育行为控制

规范高等教育的行为是高等教育管理控制功能的首要任务。高等教育行为主要在两个方面是必须得到控制的，一是高等教育的方向性，二是高等教育的各项活动的行为规范性。

（一）高等教育的方向性

中国的高等教育不完全是自费教育，这里有国家的投入，为国家服务是每一个受教育者的责任。所以，国家对高等教育的政治方向的控制也就成为必然。

（二）高等教育行为规范

任何管理活动都是人的活动行为，不论是宏观管理还是微观管理，行为控制也许是管理活动中最复杂的课题。一则人的行为很难精确测量，因而很难判定它与目标究竟有多大程度的偏差；二则对人的行为规律的了解还很肤浅。近十多年来，随着行为科学的发展，不少学者对行为控制问题做较多的探讨。并且高等教育活动的人是由多个个体组成的人群，对于人群的行为规范就显得更为重要了。

高等教育组织行为的管理。从微观高等教育管理来看，高等教育领域的教学与科研活动属于高智力型。高校的教师和学生致力于知识的探索与传播，他们在实现高等教育目标的活动中，各种行为有别于其他社会组织。不过，普通的组织行为管理技术对于高等教育系统中的行为控制仍然是很有价值的。它立足于人的行为和环境的相互作用，试图通过对环境条件的控制以实现对人的行为的控制，从而促使人的行为向预期的方向发展。根据强化满足条件后，得到的预期结果来改进行为工作，根据具体的人处理各种预期的结果，及时提供程序性的行为规范。在高等教育管理中，要帮助高等教育系统的成员形成良好的职业行为，就需要为他们创造条件，也需要强化某些满足条件后才能得到的预期结果。比如，只有按照一名校长应做到的行为规范与行为要求来挑选校长，并为他完成校长职责创造各种条件，才有可能得到预期结果，达到这位校长在工作中良好的行为。

1. 组织行为的修正

组织行为的修正主要针对那些与完成工作任务不一致或不协调的行为，因为它们不仅会影响组织目标的实现，而且还会导致组织的功能障碍，威胁到组织的生存。

2. 鉴别与工作有关的行为事件

和组织行为管理技术一样，它特别重视外显的行为，而不重视态度之类不可直接观察的变量。它只鉴别与工作有关的事件，而不考虑与工作无关的事件。

3. 测量行为

它包括观察行为，记录行为，然后根据记录的结果描述各种行为，以引起人们对这种行为的注意。

4. 对行为能进行分析

它包括将行为和各种环境变量分解成功能因素，找出行为和环境变量（事件）之间的关系。最后找出影响和控制行为的因素，为修正行为提供科学基础。

5. 寻找修正行为的途径和方法

其中包括四个步骤：在分析行为功能的基础上分析行为与环境事件的联系，找出因果关系链，并确定采用何种方法去修正行为；应用和实施修正技术，通常的手段有强化、惩罚、消退或这些手段的相互结合；采取适当的强化方案，维持期望的行为；对整个工作进行评价，以确定修正的方法是否妥当，为以后碰到类似的问题提供科学依据。

三、高等教育财务控制

高等教育财务控制是高等教育系统内部各组织借助于对货币资金的筹集、分配和使用采取的一整套管理和监督方法，从而使有限的教育经费得以最大限度地发挥效能，达到预期目标的过程。与其他社会系统的财务控制类似，高等教育财务控制大致也包括预算、会计、决算、审计四种活动。

（一）高等教育的财务预算

高等教育的财务预算主要是指对高等教育事业经费的编制、分配、执行、调整和分析等一系列的过程。高等教育预算过程的基本目的是确定从中央到地方主管部门、从大学到学院、从学院到系科、从系科到教学科研人员等的资源分配和调整。在确定预算拨款时，要对资源可选用的方案做出明确的抉择。因此，高等教育的预算核心问题是根据什么要把 X 款项拨给 A 项活动而不拨给 B 项活动。

高等教育的财务预算工作具有计划性，可以看作是计划工作的一部分，同时它也可被视为管理工作中的控制手段，一种典型的前馈控制。一般来说它具有如下特点。

第一，预算与价值计算的形式定期地进行；预算按一定的组织系统自上而下有序地进行；预算的目的是保证教育计划的顺利实施，促进教育效益的不断提高。

第二，根据不同的方法，高等教育的财务预算可以有不同的种类。如按其编审程序可分为若干种。

概算：拟编下年度预算的估计数字。

拟订预算：未经一定程序核定的年度收入计划。

法定预算：经过一定程序审批生效的正式预算。

分配预算：按法定预算确定的范围来分配实施的预算。

第三，如按时间的先后顺序，则可分为四种。

经常预算：即正式的常规预算。

临时预算：正式预算确立之前暂时实行的假定预算。

追加预算：在原核定的预算总额以外增加收入或支出的数字。

非常预算：为应付意外事变所做的特殊预算。

第四，通过高等教育的财务预算的实践和研究，介绍几种预算的编制方法。

追加预算法。这种预算方法允许在学校预算中每一单项可以追加，其主要依据是，现时的拨款根据是适宜的；而当前的计划方案要以现有的形式持续下去。这种追加预算法被认为是利益群体已经赢得了一段时期支配权的标志。这种方法的优点在于其稳定性和可预期性，其弱点在于不能充分鼓励学校去鉴别现有计划是否完备或是否有必要取消现有无效的计划。

非定额预算法。这一方法要求每个院校的财务计划部门在该单位领导认为适当的水平上提出计划所需的预算申请。通常由单位领导同主管预算的人员进行协商，调整预算额以便与可利用资金相吻合。其优点是单位参与预算制定的机会增加了，其缺点是申请额与实际到位资金通常不一致，对最后分配决策缺乏明确的准则。

定额预算法。亦称为"一次总付性"预算。它同非定额预算法刚好相反，院校财务部门得到一定数量的拨款，并需按此拨款数额建立起单项预算。其优点是单项预算分散，可以促进各单位计划的灵活性和有效性，其缺点是中央行政机构对原先预算额的静止或依赖与各单位实际情况的千变万化形成明显的反差，整体上缺乏灵活性。

备用水平预算法。这种预算方法要求准备若干个不同水平的预算标准，如按通常水平上下各浮动5%。中央行政机构则根据不同水平的预算方案，判别各单位业务人员的水平，对单位内项目优先次序和项目评价详情做大致分类。

公式计算预算法。此方法通常以在校人数以及学时数为依据，总的事业费预算中分配到每个单位的相对份额会因公式的变量变化而变化。在此种方法下，具有同等要求的高校或项目可得到相似的资金。但也有人认为，如果在入学人数激增期间可以达到这项标准，那么在人数动荡不定或呈长期下降趋势时，它就难以维持了。另外，对于特殊的任务或短期需要，这种方法就显得无能为力。

合理预算法。高等教育系统中，除了中央和省市级的预算外，最普遍的还是高校一级的预算。随着教育改革深入，我国高等教育的体制正发生深刻的变化，高校经费的来源也由单一型向多元化方向发展，这无疑对高校的预算工作提出了新的课题。过去主要是支出预算，一般只要入学人数和国家财政收入持续增加，高等教育传统的预算方法大致可以满足大部分高校的需要。而现在需要进一步增加收入、利益或效用进行评价等。

零点预算法。计划、程序和预算系统法主要涉及基本政策的制定以及高度集中的、自上而下的决策行为。而零点预算法却是把目标转换成有效行动计划的一种微观经济学方法。它要求对每年的每项活动从零开始重新进行全面论证，以建立新的预算。具体而言，此种方法有以下四个步骤：一是每个预算单位要制定出描述一项活动、功能或目标的一系列决策方案，并阐明供选择的服务等级；二是预算申请要按递增顺序从低水平到高水平排列；三是对不同经费增加额的影响要进行论证；四是增值决策方案要按优先次序排列。决策方案应包括决策单位的目标、设想活动或其他方案的具体描述、活动的费用及效益、工作量及成绩的测定、不同水平上的工作及其收益。总之，零点预算模式的核心是对提供选择的支出方案进行规范化比较。

（二）高等教育的会计与决算

在高等学校，会计是以货币为主要计量单位对学校的经济活动和预算执行过程及其结果进行反映、监督和管理的一种财务控制方式，它包括三个部分：第一，会计核算。根据学校的经济活动和预算执行过程及其结果，连续地进行记录和计算，并根据记录和计算的资料编制报表；第二，会计分析，根据会计账簿、会计报表及其他资料，对财务情况进行分析研究；第三，会计检查，根据会计凭证、账簿、报表和其他资料，对有关单位业务活动的合法性、合理性、会计核算资料的正确性和财政政策及财经纪律的执行情况进行检查。

会计的基本职能在于反映和监督一定范围内的资金使用情况。会计的任务主要包括：第一，根据有关法令和规定来编制并执行预算；第二，进行经济核算，加强现金管理，做好结算和核算，提高资金使用效益；第三，对高校的所有经济活动进行正确、完整、及时的记录，编制凭证，登记入账，上报会计报表。

高校的决算是执行预算的总结，是反映全校年度预算结算的书面报告。预算年度结束时，学校的财务活动便进入决算编制阶段；决算进行年终收支清理；制定和颁发决算表格；进行年终结账；编制决算；上报。

（三）高等教育的审计

高等教育的财务审计分为国家审计和部门审计，在必要的情况下，还有司法审计。在高校，审计工作是对会计账目进行检查，对有关的财政或财务收支活动情况进行监督的一种财务控制活动。

1. **审计对财务活动的判断**

（1）合理性

即指审核检查的经济活动是否符合有关规章制度的要求。

（2）合法性

即指审核检查的经济活动是否符合国家的法律、政策、法令或条例。

（3）合规性

即指审核检查的经济活动是否在正常或特定的情景下应该发生，是否符合学校管理的原则。

（4）有效性

即指审核检查的经济活动有无经济效益。

（5）真实性或公允性

即指审核检查经济活动的资料是否如实、适当地反映了它所要表现的经济活动。

2. 审计按其内容和目的的分类

（1）财政财务审计与经济效益审计。前者是审核检查财政财务活动，目的是对这类活动的合规性、合法性做出判断；后者是以实现经济效益的程度和途径为审查内容，目的在于提高经济效益。

（2）按照审计主体与被审单位之间的关系，审计又可分为外部审计与内部审计。外部审计是指由被审单位以外的国家审计机关、上级审计部门或民间审计组织进行的审计。内部审计是由本校审计部门进行的审计。

3. 国家对审计部门的各项任务做出的规定

（1）对财务收支计划、经费预算、经济合同等方面的执行情况进行监督。

（2）对内部控制制度的健全、有效与否及执行情况进行监督检查。

（3）对会计报表和决算的真实、正确、合规、合法情况进行审计并签署意见。

（4）对严重违反财经法纪的行为进行项目审计。

4. 为了完成对高校财务的审计活动，审计部门的主要职权

（1）检查有关的会计凭证、账簿、报表、决算、资金、财产。

（2）查阅有关的档案、资料；召开或参加有关会议。

（3）对有关人员或问题进行调查并索取有关材料。

（4）提出有关意见和建议。

（5）对各种不按规定、违反财经法纪的人员或做法提出处理措施，并向有关领导部门反映审计结果。

5. 高校内部审计工作的组织实施方法

（1）系统审计

根据学校办学特点，组织有关基层单位针对特定项目，系统开展审计活动的一种方法。

（2）专题审计

分别按各个职能部门所主管的业务，开展专题性内部审计工作的一种方法。

（3）同步审计

在同一时间内，对两个以上所属单位审查内部相同业务的一种内部审计工作的组织方法。

（4）轮回审计

把下属单位按邻近原则，划分成若干片区，成立片区审计小组。片区审计小组在内部审计部门的指导下，按规定审计内容，有计划地轮回地对本片区各单位进行审计。

（5）审计调查

针对本单位经济活动中带有共性和倾向性的问题，对不同下属单位做内容相同的调查，以便摸清情况，及时为领导决策提供信息。审计工作中还有一个重要的方面，就是以各项作业为对象，以审查各项作业财务上的合法性与经济上的合理性及有效性为目的的作业审计。比如，对引进某种仪器设备的作业，对进行某项教学改革的作业，都可以进行作业审计。作业审计不但要运用财务审计的一些方法，而且还要运用一些技术分析方法，比如网络计划技术、线性规划技术、价值工程和价值分析技术等。作业审计不仅要审查与作业有关的财务问题，还要审查对作业的管理水平，它可在作业项目的事前、事中或事后进行。

审计工作中另一个重要方面就是合同审计。目前，随着高等教育的发展，高校与社会经济生活建立了越来越广泛的联系，与高校有关的各种类型的合同越来越多。合同是不同法人之间为实现 定目的，明确相互权利义务关系而订立的协议。它涉及有关法规、规定，需要就合同的合法性、有效性和完整性进行审计，因此合同审计对于保障合同双方的合法权益非常重要。具体而言，合同审计的主要内容有以下几方面。

①检查合同管理制度是否健全；

②检查签约双方是否合格，是否具有执行合同的能力和诚意；

③检查合同内容是否符合有关法律、法令和条例；

④检查合同是否完备，措辞是否准确；

⑤检查合同内容是否可行。

第三节　高校的领导者

不论是两级行政管理中的领导，还是高等学校的领导，在高等教育管理活动中具有举足轻重的作用。既然高等教育的领导者的重要性对高等教育的影响如此之大，那么，对于高等教育的领导者的要求也应该是高的。高等教育的领导，特别是主要领导，不论是任用制还是选聘制，领导者的个人作用都是不可忽视的，而我们主要考究的是高等学校的领导者，特别是大学的校长。

一、领导者的素质

对于高等教育领导者应具备的素质，近年来已有很多研究。一般说来把它概括为四个方面：思想品德素质、科学文化素质、专业素质、身心素质。

思想品德素质是领导者应具备的首要素质。

科学文化素质是领导者赖以施加影响力的基本素质。高等教育的领导对象是高知识层的人群，因此对领导者的知识素质提出了特殊的要求。一般来说，高等教育的领导者应具备以下这些知识素质：马列主义理论与哲学知识、领导科学与教育科学知识、现代科学文化技术的一般知识与从事某项专业的专门知识以及由这些知识集成和内化的科学文化素养。高等教育管理的最高境界是科学文化的管理。

专业素质是领导者从事高等教育管理的必备条件，主要体现在专业的能力方面。从某些方面讲，专业素质是科学文化素质的一个表象，具体地表现在领导者的决策能力和组织行动能力等方面，由于高等教育系统的复杂性，要求领导者具有更好的领导技术和技巧，要具有更强的平衡协调及驾驭局面的能力。

身心素质是履行领导职务的基本条件。高等教育的领导工作就是协调和解决各种各样的矛盾，有些矛盾的解决具有很强的时效性和刺激性，工作的强度有时候也是很大的，领导者在科学决策、正确选择、合理解决矛盾的过程中，必须有坚韧不拔、不为压力而动的精神，要有较强的心理承受能力和自我控制能力，同时，也还要有强壮的身体，否则，可能什么也干不成。

同时，也有人这样认为，高等学校在改革与发展中，一般都有一个凝聚组织的"核心"，高等教育系统应努力造就具有综合素质结构的领导者队伍。因此，还应该包括：领导者的活动能力——"外交家"的接触面；领导者的业务资历——"硬专家"的学术权威；领导者的人格魅力——"家长"风范的非职权性影响力；领导者的管理魄力——"软专家"的管理水平。

大学校长要善于对管理系统施加适当的活力。大学校长的职能是组织学校的教育资源，为实现大学的办学目标所展开的教育管理活动。一位优秀的大学校长的首要职责是为大学筹措足够的办学经费，通过自己的聪明才智、决策能力把学校的系统资源运用到最佳的程度。要使系统资源的运作机制达到最佳程度，作为大学校长，要努力使大学处在不平衡的平衡状态之中，这就是在平衡中有策略地挑起不平衡，通过有效的方法使得不平衡达到平衡。这是一个管理哲学理念，平衡是指大学内部的政策和工作制度保持相对的稳定特性，不平衡是指根据人们的心理特点，采取最小搅动原则，通过一种创新性的工作方法与思想，使整个管理系统具有生机与活力。

大学校长应避免在系统决策中对应该由别人决定的问题做出决定。大学的领导者与工业企业或政府机关的领导人的重要区别在于，不能够简单地采取行政手段管理学术问题。如应该重视院（系）基层组织的学术管理，尊重基层专业人员对学科专业管理方面的意见，学术的管理要最大限度地实行分权，让学术带头人和学术组织去管理学术的事情，让分管学术工作的副职领导去管理。

大学校长要通过自己的人格魅力影响系统成员。人格魅力的影响是一种高级的领导效果，是大学校长的人格质量、道德作风、文化修养、技艺技能、学术声誉等的影响。大学校长要有随时修正自己的思想和行为的能力。这是一个十分重要的自醒策略，但同时也是一个说起来容易做起来难的行动策略。

大学校长的行动策略是很丰富的，远远不止以上的这些东西，随着管理思想和方法的不断创新，优秀的大学校长及其管理策略将会层出不穷。

二、组织内部的环境因素

组织内部的环境因素是组织行动的一个非常重要的因素。环境的好坏，直接导致工作效果的好坏，影响管理目标的实现。对大多数人来说，需要领导营造良好的环境，以激发他们为实现组织的目标做出贡献。有人说，良好的士气就等于成功了一半。大学校长或领导者应该懂得使用激励理论和激励方法的重要性，激励营造好的环境，让环境体现的性质和力量去满足人们的需要。如果大学校长或领导者具有超凡激励手段和方法，激发起下属的忠诚、献身精神及热诚，那么，就能使领导者的意图获得成功。当然，领导者的激励力量在很大程度上还取决于组织成员期望值的大小、预计报酬的多少、要求努力的程度、要完成的工作量以及其他环境因素。因此，大学校长或领导者的首要任务就是为了顺利完成工作目标而尽量设计一个与组织成员期望值相对应的工作环境，当然，期望值与对应环境的设计要适中，这也是很难把握的，使用不好可能适得其反。事实上，领导要充分地了解下属倾向于追随那些可能满足他们个人目标的领导者，那么，就越是应该懂得激励其下属的因素是什么，这些激励因素如何发挥出正面的作用，并将它们在管理过程中反映出来，就越有可能产生有效的管理效应。

三、激励的有效性

前面我们讲了系统组织内部的环境因素是组织行动的一个非常重要的因素。高等教育领导的主要任务是激励下属的动机，协调解决组织目标实现过程中出现的矛盾。不同的领导者在完成这些任务时，可能会遵循不同的原则和方法，可能会运用不同的技术，因而也就会产生不同的绩效。现代领导科学的发展已形成一些具有普遍意义的领导技术，在高等教育领导中运用这些技术和方法，无疑对提高领导绩效是有帮助的。下面从激励的过程、因素、原则、方法四个方面加以说明。

（一）激励过程

组织系统机制的形成，除了制度外，很大程度上取决于系统激励过程。心理学研究的结果表明，领导者激励下属就是指下属做了那些领导者希望做的事情，领导者使下属在某方面的需求得到满足，从而使下属按照所需要的方式行事。我们可以把激励看作一系列的连锁反应，从感觉的需要出发，引起欲望或所追求的目标，它促使内心紧张（未得到满足的欲求），然后引起去实现目标的行动，最后使欲望得到满足。

（二）激励因素

需要挑起系统激励。讲激励，就得从需要讲起，因为任何动机的产生或形成都离不开某类需要的缺乏或某种不满足感。因此，需要以及需要的种类和性质就成为动机激励效果的决定性因素。对于高等教育系统来说，领导者想有效地激发下属与职工的动机，就必须了解高等教育系统的各类组成人员有什么动机需要。有研究提出四个主要的激励因素。一是个体成长。存在使个体能够认识到自己潜能的机会，它证实了这样一个前提假设：知识工作者对知识、个体和事业的成长有着不断的追求。二是工作自主。建立一种工作环境，工作者们能够在既定的战略方向和自我考证指标框架下完成交给他们的任务。三是业务成就。完成的工作业绩达到一种令个人足以自豪的水平，这是与组织的需要相关联的因素。四是金钱财富。获得一份与自己贡献相称的报酬，并使其他同人一起分享自己所创造的财富。这种奖励制度既要适合于组织的发展，又要与个体的业绩挂钩。高等教育领导的对象是人，这里的"人"是高等教育系统中的主体要素，他们是各级下属领导者、教师、科研人员、其他工作人员和学生等。这几类人员的年龄、学历、专业、知识、角色地位与工作性质等各不相同，因此，需要层次理论运用于高等教育领域时要具体情况具体分析，不能照搬照抄。

对于教师来说，自主、尊重、胜任工作、对工作条件的满意程度、取得成就等，都是十分重要的高层次需要。由于高校教师都是受过良好教育的高层次知识分子，以上这些需要中很难说哪一种更重要，也就是说很难在这些需要中找到一种层次序列。在实际中，更多的情况是在某些场合自主的需要更强烈些，而在另一种场合，胜任工作的需要更强烈些。有时工作条件的需要占优势，有时取得成就的需要可能更迫切。有人曾概括过教师需要的四个特点：精神文化需要的优先性，创造成就需要的强烈性，自尊荣誉需要的关切性，物质需要的丰富性。高校的领导者在激发教师的动机时不能忽视教师的各种需要及其特点。对于大学生来说，各种需要的强烈程度又有所不同，而且，各种需要的指向也不相同。比如在学生集体中，人际关系与成才等方面的需要更为突出。另外，他们的自我实现的需要并不与每天的平凡琐事发生密切联系，它更多地贯穿于大学生在校的几年之中，体现在他们对文凭、知识、能力以及对职业理想的追求之中。

需要指出，"需要"这个词并不是一个简单的概念，除了具有多重性外，还具有变动性特点，同时，作为激励的关键因素，需要可以引出行动，也可以由行为引出。因此，激励过程中必须具体情况具体分析。

（三）激励原则

系统激励中至少要注意以下三个方面的原则：

1. 针对性原则

需要的特点、性质，需要与行为关系的复杂性，要求领导者在实施激励之前必须了解下属需要的类型和需要的结构。实践证明，同样的激励措施对不同的人有不同效果，其原因就在于不同的人有不同的需要。激励措施有针对性就能收到事半功倍的效果。

2. 合理性原则

它包括两层含义：一是根据不同类型的需要采用合理的措施，进行合理的处理，合理的需要应该合理地满足；二是激励的程度要合理，"奖罚分明"，使奖和罚都能收到激励效果。

3. 教育性原则

随着人的文化层次的提高，人的需要也会向高层次发展。因此，激励也可以从教育入手，通过改变人的需要结构达到激励的目的。激励的教育性原则要求领导者在激励过程中既要注意解决下属的实际问题，满足教职工的实际需要，也要通过教育提高教职工的需要层次。

（四）激励技术

在组织系统的激励中，有研究者提出了许多激励技术。研究表明，群体积极性的发挥，60%是社会压力、职务需要以及上级领导人的职权等引起的，而其余40%则是因领导者的领导技术激发的。可见激励的潜力是很大的，不同的激励理论形成了不同的激励模式，并由此形成了多种激励技术。

1. 双因素激励技术

影响人的积极性的因素可以分为两类：一类是保健因素，它是维持基本需要的社会性因素，主要包括物质、经济、安全、环境、地位、社会活动等是使教职工避免产生不满意的因素，相对来讲激励的作用有限；另一类是激励因素，主要包括一些高层次的需要，如成就、工作、职责等，它是使职工产生满意感，从而激发积极性的因素。根据双因素理论，在高等教育领导过程中必须重视改善物质、经济生活条件，这是产生积极性的基础，只有这样才能保证工作的正常进行。近年来，高等教育界的收入与社会其他行业的收入差距拉大，这种经济状况使高校教职工的一些基本需求得不到满足，因而不少人不安心本职工作，改善教职工的物质生活条件就显得特别重要。但是，事实又说明保健因素并不能完全产生激励力量，有些高校物质条件解决较好，但教职工的积极性并不高。在改善物质条件的前提下，充分激发积极性还必须借助于各种精神方面的因素，特别是知识分子，基本物质需要满足以后，他们更看重精神需要，因此，更应重视较高层次的激励。

2. 期望激励技术

这一理论认为，人的固定需要决定了他的行为和行为方式。人的行动是建立在一定的期望基础上的，在个人活动与其结果之间存在一定的联系，激励力量——效价×期望值。效价是个人对所从事的工作或所要达到的目标的估价，即被激励对象把这一激励目标的价值看得多大，期望值是个人对某项激励目标实现的概率的估价。在高等教育领导中运用某些事物进行激励时，必须评价这一事物对被激励者价值的大小。价值是客体满足主体需要的程度，只有需要强烈的事物才能产生较强的激励作用。同一事物对不同的人具有不同的价值。同时，无论价值多么大的一件事物，只有认为经过努力会达到时才有激励作用。如校内超工作量奖励，如果指标定得合适，即使奖金不高，对多数人还是会有较强的激励作用。

3. 公平激励技术

公平理论认为，人们总是要将自己所做的贡献和所得的报酬与一个和自己条件相似的人的贡献和报酬进行比较，如果两者的比值相等，双方就都有公平感，如果这两者的比值不相等，一方的比值大于另一方，低的一方就会产生不公平感。高等教育的领导者应自觉注意到，一个人在某一方面确实做出了成就，给予奖励就能产生激励作用。如果奖励的程度大于被奖励者与其他人贡献的差别程度，则会使其他人产生不公平感，而如果贡献大、奖励小则起不了激励作用。领导者还应注意，存在着高估自己的贡献而低估别人成就的一些人，他们把本来公平的认为不公平。因此，在激励时要客观公正地宣传被奖励者的成绩，每个人都有显示自己成绩的机会，通过比较使教职工正确认识自己和别人的贡献与报酬。

4. 目标激励技术

目标激励也是一种目标管理的方法，它把组织的任务分解成各项具体的目标，让教职工把个人目标和组织目标结合起来形成"目标链"，通过目标进行管理，使目标对教职工产生激励作用。实行目标激励有几个好处：一是能使教职工看到自己的价值和责任，一旦达到目标就会产生满足感；二是有利于上下左右的意见沟通，减少达到目标的阻力；三是能使教职工个人利益和整体目标得到统一。实行目标激励的过程可以分为三个阶段。第一阶段，设立目标，每个教职工要根据本部门的目标和个人的实际情况制定个人目标而形成目标链。第二阶段，鼓励教职工发挥各自的积极性去努力完成自己所制定的个人目标，进而完成总目标。第三阶段，对完成目标的情况进行测定和评价，激发人们为完成更高的目标而努力。高等教育的总目标是培养人，高等教育系统中运用目标激励技术时，目标的设定必须充分考虑教育规律，目标的形成和分解要充分吸收教职工参加，目标的评价必须有一套科学的体系，否则难以起到激励作用。

5. 榜样激励技术

人们常说榜样的力量是无穷的，榜样对较先进的人是一种挑战，它可以激发先进者继续努力；榜样对一般人也有激励作用，能鼓励一般人奋发向上。有了榜样，系统内学有方向，赶有目标，时时受到激励。从某种意义上说，领导激励过程应是一个树立榜样的过程。强化激励是指通过对个体的某种行为给予肯定和赞赏，使这种行为得以巩固和保持，对某种行为给予否定和惩罚，从而使之逐渐增强或者减弱的过程和方法。强化激励有物质和精神两种，在运用过程中一定要注意刺激的适度，刺激太弱起不到应有的作用，刺激太强会使刺激钝化，少量多刺激能有更长的作用时间，但往往程度不够，集中刺激则可能不会持久。

第三章 高校教学管理及队伍建设

第一节 教学管理及其队伍建设

高校要全面提高教学质量、促进科学发展，不仅要加强办学条件、教学设备等硬件条件建设，更需要强化科学合理的、专业化的教师队伍、管理人员队伍等软件条件建设。新形势下，教学管理队伍作为管理工作的主体，其素质、能力与管理水平直接影响到高校教学工作的稳定、发展和提高，直接影响到高校教学质量，未来发展。建设一支职业道德、专业思想、专业知识、专业能力和专业品质成熟的专业化教学管理队伍，对于高校的科学发展具有重大的价值和意义。

教学管理工作是高校管理的中心工作，是高校维持正常的教学秩序、实现人才培养目标、提高教学质量的保证。教学管理队伍是教学管理工作的主体，是教学管理工作的执行者，是学校的重要组成部分。高素质、高水平的教学管理要求建设一支结构合理、队伍稳定、素质高、服务意识强、创新能力强的专业化、职业化的教学队伍。高素质的教学管理队伍是有效促进高校教育教学质量提高、突出培养优势和管理特色、保证高校未来可持续发展的重要人力保障。

一、教学管理的组织系统、本质任务和内容体系

（一）教学管理的组织系统

教学管理的组织系统又称为教学管理的组织与方法体系，是教学管理的群体为了共同的目标，通过责权的分配、层级的统属关系和团体意识所构成的能自我调节、自我发展的一个社会系统；主要解决"谁来管理，怎么管理"的问题，管理体制则是指组织机构的设置、隶属关系和责权规划等组织制度的体系化，管理体制和组织结构的合理和优化决定着

教学管理组织功能的有效发挥。管理系统是一个个体、团体和整体之间结构性的关系组织，是一个组织成员相互行为关系的行为系统，是一个随着时代环境的变化不断自我调整、自我适应的生态组织，也是一个组织成员角色关系的网络系统。教学管理组织建设的目标主要是建立一个科学、完善的教学管理系统，形成全面的质量管理体系和运行机制，以服务于教学、教师和学生。教学管理系统是侧重于过程管理的纵向系列和侧重于目标管理的横向系列的结合，纵向系列指学校、二级学院（部）、教学系部和教研室；横向系列主要涉及目标管理，包括教务部门、科研部门、学生管理部门、人事部门、政工部门、后勤保障部门等等；这两个系列要处于完全协调一致的工作状态，才能完成共同的教学工作目标——人才培养。

要建立起高效能的、灵活运转并能创造性工作的教学管理组织系统，必须重视和加强教学管理队伍的建设，建立一支专兼结合、素质较高、相对稳定的教学管理干部队伍，机构要有职责范围，人员要有岗位责任。

（二）教学管理的本质

教学管理的本质是在多层次、多因素的高等学校系统中，以教学子系统作为研究的管理对象，组织和运用有限的人力、物力、财力对教学过程进行科学合理的安排，实现教育资源的最优配置，获得教学工作的最佳效益。

（三）教学管理的基本任务和职能

教学管理的基本任务是遵循教育教学基本规律，通过对培养、改革、建设和管理的系统规划，借助现代化的科学管理手段，对全部教学活动在动态演进中达到既定的教育教学目标的管理。同时，要发挥管理的协调作用，调动各方面的积极性，保证全部培养过程各阶段教学任务的有效实现。

教学管理的职能可归纳为"决策、规划，组织、指导，控制、协调，评估、激励，研究、创新"，它们之间相互交叉，互为联系，是一个有机的整体。

（四）教学管理内容体系

搞好教学管理的核心是每位教学管理者应清楚地知道"应该管什么，重点管什么，怎么样才能管好"。教学管理是有机的、统一的整体，教学管理的内容体系从不同视角呈现不同的体系框架（结构）。从教学管理业务的科学体系或工作体系来看，可概括为"四项管理"，即教学计划管理、教学运行管理、教学质量管理与评价和教学基本建设管理；从教学管理职能的角度来看，主要包括决策规划、组织指导、控制协调、评估激励和研究创新；从教学管理的高度和层次来看，包括静态管理与动态管理相结合的教学改革、教学建设和日常管理。

1. 教学计划管理

培养方案是学校保证教学质量和人才培养规格的重要文件，是组织教学活动、安排教学任务、确保教学编制的基本依据。教学计划是在中华人民共和国教育部（以下简称教育部）的宏观指导下，由各个学校组织专家自主制订的，它既要符合教育规律，保持一定的稳定性，又要根据社会、经济、科学技术的新发展适时地进行调整和修订。教学计划一经确定就必须认真地组织实施。教学计划管理的核心工作是精心设计人才培养的蓝图，这就需要我们投入很大的精力进行必要又必需的基本调查研究，包括国内外相同、相近学科专业的改革和发展动向，特别是新的教育观，新的教学内容、课程体系、教学环节和人才的培养模式等。要组织学校本学科专业的学术、教学带头人及有经验的骨干教师先行研究课程结构体系，只有设计构建一个整体优化的课程结构体系，把人才培养的总设计描绘清晰，才能够据此培养出高质量的合格毕业生。当然，教学计划在制订以后还要有严格的组织实施，不能有随意性。

2. 教学运行管理

教学管理的基本点是通过协调、规范的管理保障教学工作稳定运行，保证教学质量。教学运行管理主要是围绕教学计划的实施所进行的教学过程及相关辅助工作的组织管理。教学过程是学生在教师指导下的一种认知过程，又是学生通过教学获得全面发展的一个统一过程。高等学校教学过程组织管理的主要特点：一是大学生学习的独立性、自主性、探索性逐步增强；二是在宽厚的基础学科基础上适度的专业教育；三是教学和科研的逐步结合。根据这些特点，在教学过程的组织管理中要注意把握两方面的工作：一方面，要制订好课程大纲；另一方面，要针对课堂教学、实践教学、科学研究训练这三个主要环节设计好组织管理的内容、要求和程序，并依此来进行检查。

3. 教学行政管理

教学行政管理主要指学校、二级学院、教学系部等教学管理部门要依据教学规律和学校规章制度行使管理职权，对各项教学活动及相关的辅助工作进行科学合理的组织、指挥、调度，以保障学校教学工作稳定有序运行的协调过程，也包括严格规范地做好教学的日常管理、学籍管理、教学工作管理、教学资源管理和教学档案管理等工作。

4. 教学质量管理与评价

教学质量是个综合化的概念，衡量教学质量高低的指标应该包括教学、学习及管理质量的综合指标；教学质量又是一个渐进的、累积的形成物；教学质量是静态管理和动态管理相结合的，应注重动态管理和过程管理，这是因为教学质量管理的最终任务是保证和提高每一项教学活动、每一个教学环节及最终的教学质量。转变教育思想、提高教育质量是搞好教学质量管理的前提条件。要深入研究质量监控，研究完成全程质量管理的设计，建立适合校情的质量监控体系和运行机制，首先要厘清质量监控的概念、要素、体系和组织系统，要研究质量监控与质量保证的所有相关问题。高校应建立科学的、抓住核心的、可操作的质量管理模式，包括教学质量检查方式，教学工作评估，教学信息的设计、采集、测量、统计分析和管理等。

二、教学管理的特点和管理队伍结构

（一）教学管理的特点

教学管理在高校各项管理工作中的重要位置及教学活动的特殊性，决定了教学管理具有能动性、动态性、协调性、教育性和服务性等特点。

1. 教学管理的能动性

教学管理的能动性是指人的主观能动性。教学管理的对象主要是教师和学生。能否充分有效调动教师"教"和学生"学"的积极性，是衡量教学管理工作成效的主要标准。在教学管理中，教师和学生具有双重身份，教师作为对学生学习活动的组织者、指导者时属于管理者，发挥管理者的职能，而作为高校教育教学活动的执行者时则属于管理对象，履行管理对象的职能；学生既是学校和教师的管理对象，又是自身学习活动的自我管理者；教师与学生无论是管理者还是管理对象都具有主观能动性，彼此相互影响、相互促进。

2. 教学管理的动态性

教学管理涉及的每个环节都处于动态发展的环境中，如培养方案的制订要随着社会经济的发展更新、完善，教学运行的管理要随着学校教学条件的变化合理调整，教学质量的评价体系要随着建设内容的变化不断地更新等。在不断变化中总结和提高，使教学管理水平和质量螺旋式向上发展。

3. 教学管理的协同性

教学管理的主要任务是协调好学生的个体活动和学校、教师组织的集体活动，充分发挥教师、学生的个性，有益于个人和集体的协同发展。

4. 教学管理的教育性

教学管理人员通过合理制定管理制度，有效实施管理过程，奖惩分明，帮助学生实行自我教育、自我管理、自我服务的"三自"管理，达到育人的最终目的。

5. 教学管理的服务性

高校的中心工作是育人，教学管理要围绕教师"教"与学生"学"做好服务工作——增强服务意识是对教学管理人员最根本的要求。

（二）教学管理队伍的结构

高等学校教育教学管理队伍由分管教学副校长、教务处全体人员、学院（系）主管教学副院长（副主任）、教学秘书（教学办全体人员）和教务员组成。教学管理人员的结构主要包含学历结构、职称结构、年龄结构、学缘结构和性别结构等指标。处级岗位、教学副院长（副主任）和重要科级岗位应具备副教授以上职称，教授占较大比例；老、中、青各层次人员合理分布，教学管理队伍既要有教学管理经验丰富的中老年专家，又要有充满活力、信息技术强的青年骨干；学缘结构上非本校人员应该占多数比例，有利于发挥不同的管理思想，承担重要岗位工作的教学管理人员应有基层教学管理工作经历。

三、正确把握教学管理的几个重点

（一）注重提高教学管理人员职业道德和业务能力

学校应充分认识到教学管理人员对学校发展所起的重要作用，注重培养教学管理人员的政治思想素质，树立高尚的事业心、责任心及奉献精神。

（1）教学管理人员处于承上启下的关键位置，承担上传下达的工作职责，既要贯彻执行上级部门的文件精神与工作部署，又要组织、协调学校的教学管理工作，同时还要直接面对教学一线的教师，处于与学生沟通交流的前沿，这样的工作定位与工作职责要求教学管理人员首先要具有职业道德与高度的责任感。教学管理工作涉及面广、内容多，事无巨细，看似事小，实质关系重大。如传达上级文件精神、组织安排学校教学工作计划、教师停调课安排、考试工作安排、学籍档案管理等等，年年重复，天天面对，很容易引起认识上的麻痹。看起来都是小事情，但每件小事的管理出现差错就会直接导致院（部）甚至全校教学秩序的混乱，教学工作无法正常运转，影响极大。

（2）教学管理人员要具有团结协作精神。高校教学管理工作的特点之一是层次管理，既有一定的独立性，又相互协作与配合，只有具有良好的团队协作精神才能全方位地处理好分工负责的工作，为师生创造良好的工作环境，解决工作中遇到的问题。

（3）要具备较强的业务素质。教学管理人员的业务素质与能力是其独立从事教学管理工作，解决实际问题，顺利完成任务的根本条件，学校应提高教学管理人员的业务素质，使其熟练掌握教育学等有关高等教育专门知识，掌握教学管理的基本理论和专门知识，准确评估教学发展趋势，协调各部门、各因素间的相互关系，促进各类信息的精确流通，不断创新管理方法，提高管理素质和水平；结合工作实际，开展教育科学研究与实验，适应管理科学化、现代化的要求。

（二）正确处理教学管理与教学质量的关系

教学管理是学校对教学工作各方面实施的管理，根据既定的目标、原则对整个教学工作进行有序的调节和控制。教学管理的每一个环节都与教学的质量关系紧密。教学管理涉及的内容广泛，从教学质量评价系统来看，包括培养方案、教学计划的制订、教学任务的安排、教学跟踪监测、信息收集、信息统计分析、质量评价等内容。同时，根据反馈的信息和评价的结果，不断更新和调整教学计划。每一项工作的具体内容又包括许多方面，如教学跟踪监测是考查教学方法是否先进，授课内容是否新颖，理论与实践的结合情况如何，课堂是否有吸引力，学生作业、实验、实习的完成情况和考试的成绩评定等内容。教学管理始终要围绕全面提高教学质量这一中心工作开展，高校应改革和完善教学管理体制，创造和建立新型的适应人才培养、素质提高的教学管理制度。

（三）正确处理好教学管理人员与教师教学任务的关系

教学管理人员和教师共同承担着教育的使命，教学管理人员是以有效整合发挥教育资源为主，教师则是以传播知识、启迪思想为主。"管理育人"和"教书育人"相辅相成，两者不是管理者与被管理者、监督与被监督的关系，而是相互影响、相互作用的关系，两者相互关联、密不可分，是同一目的两个不同的层面，具体体现在以下几方面。

（1）教学管理人员是衔接教师"教"与学生"学"两者关系的纽带，协调和处理两者之间的矛盾和问题，创造良好的教学环境，保证"教"与"学"的顺利进行。

（2）教学管理人员通过整理、分析教师教学质量的各种信息，反馈"教"与"学"的情况并进行科学的评定。检查、考核教师在教学过程中的学术水平、教学水平及敬业精神，总结和评估教师是否完成教学任务制订的各项指标与计划，促使教师不断地按照社会发展和市场需求，保持高质量的教学水平，培养适应社会需求的高质量的人才。

（3）教学管理人员和教师共同参与学校的专业建设、课程建设、教材建设、实验室建设等工作。通过对教学的调查、研究、分析，提出改革和改进教学工作的方案和计划。

（4）教学管理人员为教师提供在教学上所需要的帮助，创造优质的教学环境，让教师集中精力投入教学。

（四）注重教学管理与教学研究的关系

教学管理是一个长期建设和积累的过程，高等学校能够完成日常的教学管理，保障教学的正常运行，只是完成了第一层次的工作，标志着有了一个良好的工作基础和教学环境。要提高人才培养质量，提高教学管理水平，必须开展教育教学研究。实践证明：重视教育教学研究工作的学校，其教学工作的指导思想明确、目标选择恰当，能审时度势，从国情、校情出发确立新思想、新思路、新措施、新制度，教学工作和管理工作处于高质量状态。教学管理和教学管理研究开展较差的学校，其教学改革往往比较落后，抓不住教学改革的重点与核心。因此，注重教育教学研究是教学管理提高水平、质量和效益的关键所在。

四、教学管理人员具备的素质能力

现代教育要求高校教学管理必须适应时代的发展，对在教学管理工作第一线的教学管理工作者提出了更高的要求，要求他们具备多方面的综合能力和素质，具体表现在以下几方面。

（一）具备高尚的道德素质

良好的道德素质是搞好教学管理工作的基本条件。高校教学管理人员的道德品质如何，直接关系到学校教书育人的成效，"学为人师，行为世范"，教学管理人员应以自身的思想、学识和言行，以及自身的道德人格力量直接影响学生，做到管理育人。

（二）具有强烈的责任心

教学管理工作既有较强的连续性，又会遇到新情况、新问题；工作头绪多，任务重。

强烈的责任心能产生工作主动性，是教学管理人员必备的品德。如每学期的期末考试，从安排、组织考试，到上报各种考试报表，再到各科试卷、成绩单的整理归档，每个环节都必须认真负责，才能较好地完成工作。

（三）具备扎实的业务知识素质

首先，要掌握系统的管理学知识。随着教学体制改革的深入，教学管理人员应掌握系统的管理学知识，按照管理规律办事，采用科学的管理方法，合理地分配人力、物力、财力，提高教学管理工作的效率。其次，要掌握相关学科知识，这是搞好教学管理工作的基础。院级教学管理人员应了解本院各专业的培养目标、课程体系及各教学环节的有关内容。再次，随着科学技术的飞速发展，办公自动化的程度越来越高，教学管理人员应学习和掌握相关的信息手段与技术，如掌握学籍管理系统、教材管理系统、教务管理系统、教学评估系统、毕业证书管理系统的应用及有关日常文书处理软件的使用等，促进教学管理方法的创新，保证教学管理工作的规范化、科学化和现代化。

（四）具备较强的工作能力素质

能力是使教学管理活动顺利完成并获得预期效率的基础和保障，能力培养和提高甚为重要。一名优秀的教学管理人员应具备一定的组织管理能力，较强的协调应变能力，利用现代化设备获取信息、处理信息的能力，较强的调查研究能力及团队协作能力等。这些能力是教学管理人员准确评估教学的发展趋势，协调各教学单位间相互关系，促进教学信息良性流通所应该具备的基本素质能力。

五、教学管理的重要性及管理队伍建设的意义

教学管理是高校教育工作的重要组成部分，对培养高质量的人才起着重要的作用。当前加强教学工作的主要任务和基本举措是加大教学投入，强化教学管理，深化教学改革。这既需要各高校结合本校实际，健全和完善各项教学工作规章制度，还要采取措施，确保各项规章制度严格执行。高校实施先进有效的教学管理，离不开高素质的教学管理人员，只有具备一支业务能力强、创新意识强、实干精神强的教学管理队伍，高校的教学管理水平才会得以不断地提高。

（一）教学管理的重要性

从世界高等教育的发展趋势看，深化教学管理是当今世界高等教育发展趋势的客观要

求，提高人才培养质量是世界各国面临的共同课题，高等学校都在思考"21世纪的高等教育应该如何发展"，严格规范的教学管理，特别是加强教学质量的控制是提高高等教育质量的重要保证，向管理要质量是教学改革的重要任务之一。

从高等学校教学管理的实际需要来看，由于办学规模的不断扩大，师资队伍的结构发生了较大的变化，教学和管理的经验不足，传统继承研究不够，教学管理队伍的建设还没得到充分的重视；且教学管理干部变更频繁，管理干部的素质结构和水平、教育思想的观念还不能适应现代化高等教育快速发展的要求，一定程度上制约了教育教学改革的深入和健康发展。

从高等学校教学和管理队伍的历史、发展和形成来看，绝大多数目前从事教学管理工作的人员在校学习期间缺乏系统的"教育学""教育管理学"等方面专业知识的学习，大部分人员是通过实际工作的不断探索而积累经验，不能够从理论上、教学规律上更好地把握教育工作和教学改革的建设工作。

从高等教育科学的发展来看，许多学校没有把高等教育教学管理作为一门科学来对待，学校的教育教学管理不到位，没有形成必要的校内外教育研究信息沟通机制。学校缺乏教育教学研究的氛围，缺乏有组织、有计划、有目的的教育教学及管理研究，对学习、借鉴、继承、发展等一系列问题缺乏系统的思考和具体安排。

（二）管理队伍建设的意义

加强教学管理队伍建设是增强学校竞争力的有力举措。在考查教学管理水平时，教学管理队伍的建设是重要的评价指标。实际工作中，教学管理队伍也确实为提升教学工作水平发挥了关键性的作用，无论是办学指导思想、师资队伍建设、教学条件和利用、专业建设与教学改革，还是教学管理、学风与教学效果，所有这些决定教学水平的项目，都与教学管理人员的工作息息相关。只有加强教学管理队伍建设，并将高素质的教师队伍与高质量的教学组织管理有机地结合，才能创造出良好的教育教学质量，不断地提升教学工作水平。

加强教学管理队伍建设是提高人才培养质量的重要手段。人才培养是高等学校的根本任务，质量是高等学校的生命线。为全面提高人才培养质量，必须强化教学管理，深化教学改革，积极推进教育创新，尤其要推进人才培养模式、课程体系、教学内容和教学方法的改革，促进传授知识、培养能力、提高素质的协调发展。教学管理人员是深化改革、推进创新的主要策划者、实施者和监督者，教学管理队伍的水平直接决定了学校教学改革的广度、深度和力度。因此，提高人才培养质量必须要加强教学管理队伍的建设。

第二节　高校专业、课程建设与管理

一、专业建设研究与进展

（一）专业、学科的概念与内涵

1. 专业的概念与内涵

现代教育体系中对专业的定义有广义与特指之分。广义的专业是指知识的专门化领域，专业即某种职业不同于其他职业的一些特定的劳动特点。特指的专业即高等学校中的专业，是依据确定的培养目标设置于高等学校（及相应的教育机构）的教育基本单位或教育基本组织形式。专业是高等学校或中等专业学校根据社会的分工需要而划分的学业门类。各专业都有独立的教学计划，以体现本专业的培养目标和要求。

由此可见，专业是高校培养人才的基本单位，它能够通过专门教育和训练，促进学生获得较高的专门知识与能力，以便为社会提供专业而有效的服务：专业是按照社会对不同领域和岗位的专门人才的需要来设置的。学科知识是构成专业的原料，不同领域的专门人才需要什么样的知识结构，专业就通过对相关的学科知识进行切块、组织来形成课程及一定的课程组合的方式来满足。专业以学科为依托，有时某个专业需要若干个学科支撑，有时某个学科又下设若干个专业。一个专业是由适用于其需要的若干学科中的部分内容构成，而不是由若干学科中的所有内容构成。

2. 学科的概念与内涵

学科从学术分类和教学分类两方面有不同的解释。

（1）学术分类方面

学科是指一定科学领域或一门科学的分支，如物理学、生物学、教育学等。

（2）教学分类方面

学科是学校教学内容的基本单位，指为培养人才而设立的教学科目。通常意义上所讲的学科是指高等学校或科研机构为培养高级人才而设立的教学科目。大学是传授高深学问的场所，而各种不同的"学问"则以学科的形式出现，学科理所当然地成为承担大学职能的基本单元。在此，我们把大学学科定义为：大学学科是以知识分类为基础，以高深专门知识为学术活动的对象，承担大学职能的基本单元。

（二）学科建设与专业建设

1. 学科建设和专业建设的内容

（1）学科建设的构成要素主要有学科带头人、学科梯队、科研课题、研究仪器设备、学科建设管理人员等；学科建设主要是学术梯队建设、研究设施建设、确定研究方向、争取研究项目，形成科学、合理的学科管理制度等，目标是取得更高水平的研究成果。学科建设的作用表现在五方面。

①学科水平决定一所大学的水平，是高校办学水平和综合实力最主要的体现。

②学科是人才吸引的强磁场，人才培养的沃土。

③学科对人的发展起着定向和规范的作用。

④学科建设是构筑高校核心竞争力的必由之路。

⑤学科建设是大学发展的平台，是大学人才培养、科学研究和社会服务三大社会功能的基础。

（2）专业建设的构成要素主要有教师、课程、教材、实验与教学管理人员等。专业建设主要是专业培养目标与培养方案的制订、专业教学手段与教学方法的改进、人才培养模式的改革、课程开发、教材建设、实验室与实习基地建设等。高等学校专业的划分是以学科分类为基础，与社会职业分工相适应的。专业建设的作用表现在三方面：

①专业水平反映了学校本科人才培养的水平。

②专业是学校培养学生传授技能的平台，反映学校学科水平。

③专业建设是提高学生综合竞争力的重要途径。

2. 学科建设和专业建设的关系

高校进行学科建设必须搞清楚学科建设与专业建设的关系。原因之一是历来非研究型大学不重视学科建设，或对学科建设认识不清；原因之二是这些院校大部分学科的科学研究基础非常薄弱；原因之三是学科建设与专业建设关系问题在实践中凸显出来的时间不长。学科的划分遵循知识体系自身的逻辑，学科是相对稳定的知识体系。

学科建设是对相关学科点和学科体系的科学规划和重点建设，从而形成和提升人才培养与科学研究的综合实力。学科建设与专业建设密不可分，学科建设是基础，学科建设的成果可以作为专业建设的原料，但也可以有非专业建设的用途，可以直接为当地生产建设所用；专业建设是成果，中间通过课程这一桥梁来连接。市场对人才规格的要求的变化引起专业的调整，也是促进学科建设的动力之一。

（三）专业设置、调整优化与建设进展

专业设置是高等教育部门根据科学分工和产业结构的需要所设置的学科门类，是人才培养规格的一个重要标志和体现，高校学科专业结构调整和优化是高等教育支撑国家发展战略的迫切需要。

高校本科教育教学管理研究与进展。

（1）以社会需求为导向，合理设置学科专业，要从国家经济社会发展对人才的实际需求出发，加大专业结构调整力度，根据科学技术发展的特点，紧密结合我国高等教育实际，研究建立适应国家经济与社会发展需要的本科专业设置和调整制度，制定指导性专业规范。

（2）要根据国家对各专业建设的要求，在进一步拓宽专业口径的基础上，大力倡导在高年级灵活设置专业方向。

（3）构建专业设置预测机制，定期发布各类专业人才的规模变化和供求情况，引导高等学校及时设置、调整专业和专业方向，为高校优化专业布局和调整人才培养结构提供指导；研究建立人才需求的监测预报制度，定期发布高等教育人才培养与经济社会需求状况，加强与社会用人单位的联系，培养满足国家经济社会需要的各种专门人才。

（4）大力加强本科专业建设，按照优势突出、特色鲜明、新兴交叉、社会急需的原则，引导各级各类高等学校发挥自身优势，大力培育优势明显、特色鲜明的本科专业，加大建设力度，逐步形成专业品牌和特色。

（5）积极探索专业评估制度改革，重点推进工程技术、医学等领域的专业认证试点工作，逐步建立适应职业制度需要的专业认证休系。

（6）设置新的本科专业，要进行科学论证，严格履行必要程序，充分考虑职业岗位和人才需求，要有成熟的学科支撑，符合学校的办学目标和办学定位，拥有相配套的师资条件、教学条件和图书资料等，并投入必需的开办经费，加强对新设置专业的建设和管理。

（四）特色专业建设的重点内容

特色专业是指在办学理念、人才培养模式、专业教学内容及教学手段等方面具有显著特色的专业。特色专业所培养的学生比一般专业人才具有更加突出的人文素养、专业能力；有独立、个性化的人才培养方案，较高的学术声誉与较大的社会影响。

特色专业的建设目标是培养专业素养突出的高素质人才，重点从专业建设与专业发展理念、人才培养目标、专业课程体系构建、实践能力培育、师资队伍及教学管理等方面进行。

1. 专业建设观念的建设要点

特色专业的建设与发展要充分体现专业指导思想的科学性，使人才的培养更具有社会适用性。创新与改革特色专业建设观念，把特色专业建设与学校生存与发展紧密结合起来。

2. 人才培养方案的建设要点

特色专业建设的核心内容、重点与难点是人才培养方案的制订与优化，人才培养方案涵盖课程体系、教学内容、教学方式、实践教学环节等。特色专业建设过程中，重点要在加强相关产业和领域发展趋势和人才需求研究的基础上，建立有效的合作机制，吸引产业、行业和用人单位共同研究课程计划，制订与生产实践、社会发展需要相结合的培养方案和课程体系。合理确定基础课程与专业课程、必修课程与选修课程、理论教学与实践教学的比例，课程体系结构合理，特色鲜明，可操作性强。

教学内容设置服务于产业、行业与用人单位的需求，体现知识、能力、素质的要求，真正引入行业、产业发展所需的新知识、新技术。改革教材建设，更新教材体系与内容，利用现代信息技术开发与课程体系、教学内容相匹配或对教学内容进行补充的立体化教材，尤其是把行业、企业的先进技术引入教材建设内容；引进和使用国外优秀教材，拓宽学生视野，增强学生的国际竞争力。

改革教学方法与手段，突破以知识传授为中心的传统教学模式，探索以能力培养为主的教学模式，采用启发式、探究式、研究性教学方法，保证培养计划的顺利实施。

3. 实践教学建设要点

特色专业建设要强化实践教学建设与改革，改革创新实验教学内容和教学方法，构建基础实验、综合性实验、创新性实验、研究性实验相结合的实验教学体系。科研与教学相融合，探索项目式研究带动教学的新模式，将老师的科研成果与研究思维注入实验教学，扩展学生的知识视野，增强团队协作精神，培养科学思维方法，提高实践动手能力。

改善实验教学环境与条件，加大相关学科实验室和研究项目等资源向本科生开放力度，吸收学生参与科学研究；第一批特色专业建设点保证教学计划内各类实践教学活动累计时间不少于半年，其他批次特色专业建设点要逐步增加；有效设计生产实习、社会实践、科研训练、毕业实习、毕业设计（论文）等环节，积极探索"产学研"有效结合的模式，建立学生到工厂、企业、社会等实践教学基地开展实践实习的有效机制及学校、用人单位和行业部门共同参与的学生考核评价机制。

4. 师资队伍建设要点

建设一支以学术带头人为骨干，教学和科研综合水平高、结构合理的师资队伍；要有高水平的科研基础，特色专业的建设要求科研与教学有机结合，科研促教学改革，教学促科研水平的再提高，特色专业建设是将科研与教学有机结合的最好途径。

改革教师培养和使用机制，完善校内专任教师到相关产业和领域一线学习交流、相关产业和领域的人员到学校兼职授课的制度，形成交流培训、合作讲学、兼职任教等形式多样的教师成长机制，形成一支了解社会需求、教学经验丰富、热爱教学工作的高水平专兼结合的教师队伍。

5. 教学管理制度的建设要点

建立调动教师参与教学积极性的政策措施，一方面吸引和保证高水平教师从事教学工作，另一方面鼓励和支持骨干教师与相关企业进行合作、交流和学习。建立支持本科生参与科研创新实践活动的有效机制，充分调动教师指导学生和学生自主参与科研的双向积极性。建立学生深入社会开展实践活动的长效机制，形成教学、科研和社会实践有机结合的人才培养模式。

构建教学质量保障体系与评估机制，紧密结合专业特点及行业发展实际，建立学校、行业部门和用人单位共同参与的学生考核评价机制。

（五）"专业综合改革试点"主要建设要点

"专业综合改革试点"项目建设的重要目的就是充分调动与发挥高校在专业建设方面的主动性、积极性和创造性。高校紧密结合自身的办学定位、人才培养定位、服务面向定位及发展特色定位，明确专业的培养目标和建设重点，重构与优化人才培养方案，在教学团队建设、课程与教学资源建设、教学方式方法改革、实践教学环节和教学管理改革等方面准确定位、突出优势，强化内涵、深化改革。

1. 教学团队建设要点

以专业核心课程群建设为核心，建设以优秀教师为带头人，改革意识强、结构合理、教学质量高的教学团队；具有先进的教学理念、明确的教学改革目标、切实可行的改革实施方案；具有健全的团队运行机制、激励机制；具有健全的中青年教师培训机制。

2. 课程与教学资源建设要点

紧密结合专业发展前沿，立足经济社会发展需求，有效借鉴国内外课程改革成果，借助现代信息技术，更新课程体系，完善教学内容，优化课程设置，建设特色鲜明的专业核心课程群。协同开发，开放共享，建设与人才培养目标和创新人才培养模式相适应的优质教学资源。

3. 教学方式方法改革建设要点

深化教学研究、更新教学观念，注重因材施教、改进教学方式，依托信息技术、完善教学手段，产生一批具有鲜明专业特色的教学改革成果。积极探索启发式、探究式、讨论式、参与式教学，充分调动学生学习积极性，激励学生自主学习。促进科研与教学互动，及时把科研成果转化为教学内容。支持本科生参与科研活动，早进课题、早进实验室、早进团队。

4. 实践教学环节建设要点

结合专业特点和人才培养要求，增加实践教学比重，确保专业实践教学必要的学分（学时）。改革实践教学内容，改善实践教学条件，创新实践教学模式，增加综合性、设计性实验，倡导自选性、协作性实验。配齐、配强实验室人员，鼓励高水平教师承担实践教学。加强实验室、实习实训基地和实践教学共享平台建设。

5. 教学管理改革建设要点

更新教学管理理念，加强教学过程管理，形成有利于支撑综合改革试点专业建设，有利于教学团队静心教书、潜心育人，有利于学生全面发展和个性发展相辅相成的管理制度和评价办法。建立健全严格的教学管理制度，鼓励在专业建设的重要领域进行探索实验。

二、课程建设研究

课程是最基本的教学元素，是学生接触最直接、受益最全面的教学单元。通过课程的学习，学生不仅获得知识和技能，同时形成特定的人格。课程的质量直接影响着人才培养的质量。在专业建设、师资队伍建设、实验室建设和课程建设等教学基本建设中，课程建设处于核心地位。课程建设作为高等院校教学建设中的基础性建设，是一个动态的、系统的管理过程。包括教学大纲、教学方案、教材及教学条件等完成传授知识的载体与条件，教学文件、教学环节、教学管理状态等完成传授知识的教学工作状态，以及师资队伍等知识的传授者。高校的课程建设可概括为：以师资队伍建设为中心，以教学材料建设为依据，以教学设备建设为保证，以改革教学体系和内容为关键，以教学方法和教学管理科学化为手段，以全面提高教学质量为目的的一项系统工程。课程建设的任务是根据现有条件和课程现状，逐步完善课程的各相关要素，强化知识传授和能力培养系统。课程建设将相应地促进师资、教材、条件、管理、手段和方法的改革。

作为学校教学建设的核心内容，课程建设目标的实现主要体现在能否建设一支高水平的师资队伍，能否培育出高素质的创新型人才，能否创造出高水平的教学和科研成果，以及是否有与课程建设相配套的高效、科学的教学管理体制和激励机制等。课程建设的质量高低对于建立学生合理的知识结构、能力结构和创新精神具有十分重要的意义。

（一）典型课程建设与管理

1. "精品课程"建设与管理

精品课程建设在推动优质课程和资源建设，实现优质教学资源共享，促进高等教育协调发展，特别是全面推动教学内容信息化建设等方面发挥了积极的作用。精品课程带来的以提高教学质量为导向的激励机制，特别是把教育信息化作为提高教育质量的新手段，在调动教师教学改革的积极性和学生主动学习的积极性方面发挥了重要引领作用。

（1）精品课程的概念和教育理念

精品课程是具有特色和一流教学水平的优秀课程。精品课程应具有五个要素，即高校本科教育教学管理研究与进展具有一流教师队伍、一流教学内容、一流教学方法、一流教材、一流教学管理。精品课程通常具有"体现现代教育思想，符合科学性、先进性和教育教学的普遍规律，具有鲜明特色，恰当运用现代教学技术、方法与手段，使用一流教材，教学效果显著，具有示范和辐射推广作用"等特征。精品课程强调的是一种全新的教育理念，即以科学性、先进性、特色性、创新性、应用性、有效性和示范性为指导，树立精品课程建设可持续发展的观念。在课程整体水平提高的基础上，有计划地创建和培育精品课程。通过精品课程的示范效应，带动课程整体水平的提高，形成课程建设的良性循环。

（2）精品课程建设的作用

精品课程逐级评审和政策激励机制有利于调动地方和高校建设精品课程的积极性，建立各门类、各专业的校、省、国家三级精品课程体系；引导高校进行课程内容改革和建设，整合教学改革成果和优质教学资源（先进的教学理念、模式、方法），实现优质教学资源共享（教师），促进学生自主学习，整体提升学校的教学水平。

（1）带动课程整体建设水平提高。通过在教学内容、教学方法和手段、教学梯队、教材建设、教学效果等方面的较大改善，全面带动我国高等学校的课程建设水平和教学质量提高。精品课程拓宽了学生的视野、专业面，培养了学生的创新能力。

（2）实现优质教学资源共享。实现课程的教学大纲、授课教案、习题、实践（实验、实训、实习）指导、参考文献目录、现场教学录像等课程资料全部上网，为广大教师和学生提供免费共享的优质教育资源。

（3）造就一批优质教育资源。通过精品课程的建设可以造就一批一流的师资队伍，建设一批一流的教学内容，产生一批一流的教学方法，出版一批一流的教材和创造一批一流的教学管理。

（4）推动新型教育教学改革实施。精品课程的建设为专业建设、人才培养模式的改革打开了方便之门，新型课程开发为人才培养模式改革的有效实施提供了有力的支撑和保障。

（3）精品课程的建设重点

①以人才培养为唯一目标建设精品课程

按照相关教育法律、法规规定，本科教学要求学生系统地掌握本学科、专业必需的基础理论、基本知识，掌握本专业必要的基本技能、方法和相关知识；具有从事本专业实际工作和研究的初步能力。可见教师的责任是人才培养，而课程是实现人才培养最有效、最直接的载体。课程是本科教育的主战场，精品课程是提高人才培养质量的试验田和先锋队。

课程建设要与学校的人才培养定位、人才培养模式相一致，相互支撑。不同的学校应该根据学校自身层次、特点等实际情况开展课程建设和精品课程建设。以人才培养质量为最终目标，遵循教育教学规律，在教学内容、教学方法、教学手段和教学效果方面深化课程建设和改革。同时加强师资、教材、资源、实验室、图书馆等方面的教学保障。重点做好以下几方面建设：第一，在教学内容方面，要处理好经典与现代、理论与实践的关系，重视在实践教学中培养学生的实践能力和创新能力；第二，在教学条件方面，重视优质教学资源的建设和完善，加强课程网站的辅助教学功能；第三，在教学方法与手段方面，灵活运用多种教学方法，调动学生学习积极性，促进学生学习能力发展，协调传统教学手段和现代教育技术的应用，并做好与课程的整合；第四，在教学队伍的建设上，注重课程负责人在实际教学工作中的引领和示范作用，促进教学团队结构的完善和水平的提高；第五，体现能力导向的教育，以学习能力为代表的发展潜力是用人单位最关注的素质之一，通过教育唤醒学生的力量，培养学生自我性、主动性、抽象的归纳力和理解力；第六，重视教学内容和课程体系的改革，更新教学观念，优化教学内容，采用先进的教学方法和教学手段，深化课程体系改革。

②将课程培训纳入高校师资培训

将精品课程建设和师资培养结合，促进教师专业发展。将教师课程培训纳入高校师资培训，形成制度。列支专项资金资助教师参加课程培训，加强兄弟院校之间的交流，提升教师的业务能力，强化更新教师人才培养的观念，提高教师授课积极性。以精品课程建设为抓手，培育一批优秀教学骨干队伍，逐步形成一支主讲教授负责的，结构合理、人员稳定、教学水平高、教学效果好的教师梯队。

③加强网络平台资源的建设，实现资源共享

网络环境下，高校教师既是资源使用者，又是资源建设者，应该实现资源互通有无，取长补短，共同建设，共同分享。建设有效共享的覆盖各级各类教育的国家数字化教学资源库和公共服务平台，无疑是对教学服务的最有效、最直接的方法。资源的有效性来自整合与流动，通过共享避免重复建设，突出特色，建设最优质、最有效率的教学资源。

④完善管理机制，提高教师课程建设与改革的积极性

高校应从管理机制上进行调整，一方面加大精品课建设的资助力度。从学校的津贴奖励方面给予大力倾斜，提高教师课程改革的积极性和动力，让教师能够全心投入课程建设。另一方面加强课程建设的监督管理，对于建设效果不好，示范共享工作不到位的课程给予相应的惩罚。

⑤认真研究教学过程，精心进行教学设计

课程的课堂效果是人才培养质量的关键环节，如何使课堂达到最佳效果，值得认真研究。应该对教学的各个环节精心地研究，对教学过程进行系统的整体设计。

第一，明确课程的培养目标。如学生应该掌握哪些知识、培养何种能力、锻炼什么精神等。第二，对课程的教学模式设计。包括理论授课、实验（践）课程的课时分配和现行后续关系及课外讲座内容设计和辅导答疑安排等。第三，教学内容的设计。教学内容重点难点、先行后续关系、学时分配等。第四，教学方法的设计。根据不同课程的性质特点设计合适的教学方法，最大限度地调动学生学习的兴趣，使课程生动，具有吸引力。第五，学生学习方法的设计。教师采取各种方法努力讲好课的同时，还要让学生知道如何学。让学生充分利用课上课下时间，有目的地按照教师事先设计好的方向去学习。第六，对评价方法的设计。从系统的角度考虑，根据课程培养目标、教学方法、教学内容等建立协调一致的评价方法。第七，保障课程实施效果的过程性工作的设计。制订了课程的目标，设计

了教学方法、学习方法和相应的评价方法之后，要想取得理想效果，必须加强过程管理，建立过程中主要环节的监督机制，实现目标管理和过程管理的有机结合。

2. "精品资源共享课"建设与管理

（1）资源共享课建设背景

"大规模在线开放课程"（MOOCs）在全球迅速兴起，在我国优质教育资源共享已具规模的基础上，集中优势力量建设的资源共享课程借鉴了国际开放教育形式，兼顾现代教育和我国传统教育的特点，力图深入探索涵盖教育观念、教育模式、教学方法的全方位教育教学改革，打造具有中国特色的大规模在线教育品牌，并在实践中不断完善。其建设背景主要有以下几点。

①中国大学资源共享课建设是现代信息技术催生高等教育深刻变革的产物。中国大学资源共享课适应时代要求，把现代信息技术与教学活动紧密结合起来，提供全新的知识传播模式和学习方式，使个性化学习成为可能，使不同人群共享优质资源成为可能，使更多社会学习者接受优质高等教育，促进教育公平成为可能。

②开展资源共享课的建设与共享是落实教育规划纲要的重要举措之一。我国要推动信息技术与高等教育深度融合，创新人才培养模式，实施优质数字教育资源建设与共享行动。开展资源共享课的建设与共享是高等教育领域又一项贯彻落实教育规划纲要的重要举措。

③适时推出中国大学资源共享课是增强我国高等教育国际竞争力的需要。适时推出新型的中国大学资源共享课在线教育，将在国际上进一步展示我国高等教育改革发展的成果，同时通过参与国际竞争促进高等教育质量提高，推动全球高等教育深刻变革。

（2）精品资源共享课建设要求

①定位特色

中国大学视频公开课是以高校学生为主要服务对象，同时面向社会学习者免费开放的科学、文化素质教育网络视频课程与学术讲座，是知识普及类课程。

中国大学资源共享课与视频公开课的定位有所不同，是以面广量大的高校公共基础课、专业基础课和专业核心课为重点，以高校教师和学生为服务主体，同时面向社会学习者，提供运用现代信息技术加工处理后的高等学校内部教学核心资源，不仅有课程的全程教学录像，还包括高校教学活动必需的各种基本资源，构建了适合在校生及社会学习者进行在线学习和交流的网络学习环境，是体现先进教学观念、教学方法、师生在线互动交流、学生自主学习的课程。即中国大学资源共享课是教学互动性很强的学科专业类课程，中国大学视频公开课是知识普及类课程。

②建设要求

第一，申报课程必须在学校连续开设 3 年以上，在长期教学实践中形成了独特的风格，教学的理念先进、方法科学、质量高、效果好，得到广大学生、同行教师、专家及社会学习者、行业企业专家的好评和认可，在同类课程中具有一定的影响力和较强的示范性。

第二，团队要求：国家级精品资源共享课应该由学术造诣深厚、教学经验丰富、教学特色鲜明、具有高级专业技术职务的教师主持建设，建设团队结构合理，应包括专业教师和教育技术骨干。高等职业教育精品资源共享课中的专业课建设团队还应该体现专兼结合的"双师型"教学团队特点。

第三，内容要求：课程内容能够涵盖课程相应领域的基本知识、基本概念、基本原理、基本方法、基本技能、典型案例、综合应用、前沿专题、热点问题等内容，具有基础性、科学性、系统性、先进性、适应性和针对性等特征，严格遵守国家安全、保密和法律规定，适合网上公开使用。

第四，资源要求：应结合实际教学需要，以服务课程教与学为重点，以课程资源的系统、完整为基本要求，以资源丰富、充分开放共享为基本目标，注重课程资源的适用性和易用性。基本资源：基本资源指能反映课程教学思想、教学内容、教学方法、教学过程的核心资源，包括课程介绍、教学大纲、教学日历、教案或演示文稿、重点难点指导、作业、参考资料目录和课程全程教学录像等反映教学活动必需的资源。拓展资源：拓展资源指反映课程特点，应用于各教学与学习环节，支持课程教学和学习过程，较为成熟的多样性、交互性辅助资源。例如：案例库、专题讲座库、素材资源库，学科专业知识检索系统、演示/虚拟/仿真实验实训（实习）系统、试题库系统、作业系统、在线自测/考试系统，课程教学、学习和交流工具及综合应用多媒体技术建设的网络课程等。

第五，技术要求：国家级精品资源共享课建设应符合国家要求。技术要求将在教育部官方网站高等教育司主页"本科教学工程"栏目发布。网络教育课程还应符合网络教育的特殊要求。

3. MOOC 的建设与管理

（1）MOOC 的现状

21 世纪初大规模在线开放课程（简称 MOOC）作为一种新型的在线教学模式在全世界引起人们的关注，给互联网产业及在线学习、高等教育带来了巨大的影响。

MOOC 的理念是通过信息技术与网络技术将优质的教育送到世界的各个地方，是开放教育资源运动发展十年的质的蜕变，不仅提供免费的优质资源，还提供完整的学习体验，充分体现了与现行高等教育体制结合的各种可能性。

①MOOC 的提出

与传统课程只有几十个或几百个学生不同，一门 MOOC 课程的学习者可达上万人；"在线"是指学习是在网上完成的，不需要面授，不受时间与空间的限制；"开放"是指世界各地的学习者只要有上网条件就可以免费学习优质课程，这些课程资源对所有人开放。除了商业公司提供 MOOC 平台外，还有一些老师使用各类社交媒体或学习站点进行 MOOC 教学，这是其"开放性"的另一种体现。对学习者（最终用户）来说，他们绝大部分精通计算机技术、社交网络，他们希望通过网络获得免费优质课程，与来自世界各地的学习伙伴产生学术碰撞。

②MOOC 的特点

MOOC 的特点是将传统的课堂与网络课程相融合，目前 MOOC 课程的共同特征表现为：大多数课程都有特定的上课期间，大约 1~3 个月；90%左右的课程都属于教师引导型的授课方式；教学平台大都是自行开发或整合，很少使用一般的 LMS 平台；除 Udemy 网外，大部分的课程都由大学教授来提供；教材大都以 Video 形式呈现，很少是 Flash 动画；几乎每门课程的老师和学员互动及学员间的讨论互动都很热烈；学员来自全球各地；几乎所有的课程教学和讨论都以英文进行；课程结束后，注册学员还可以进入课程的复习。

③MOOC 的组成

a. 讲座。通常情况下，MOOC 把教授已有的一般为 45~90 分钟的课程分成 10~15 分钟的不同小段（有的可能会分成 1~2 分钟），讲座的质量取决于教授自身的能力、教授在摄像机前的适应能力；不取决于教授使用传输内容的工具。他们不提供课堂上常用的互动、问答式学习方式，学生们不可随时打断教授的讲解与之进行交流。但是，MOOC 能为学生们提供免费接触顶级教授资源的机会，缺乏互动性也能接受。通常情况下，学生上课人数较多的大课科目，课堂上很少有讨论与互动环节。

b. 家庭作业。大多数 MOOC 课程的学员人数较多，有的甚至出现上万或数十万学员注册同一门课程。因此，作业一般都是自动评分形式，或在视频讲座的关键时刻出现（通常是用来确保学生们理解所学内容），或者在一周系列讲座结束后留作业来测试他们所学的知识。

c. 阅读。阅读在很大程度上包括从书本中吸取知识，MOOC 区别于传统教学阅读在于阅读作业的多少，各门课程之间差异较大。

d. 讨论。MOOC 的在线讨论、社交网络及视频会议取代了目前学校的自由讨论和走廊讨论方式，与阅读相似，讨论也是通过数字游戏进行。讨论有时是在虚拟空间中学生间进行大量的互动，有时是以论坛的形式出现，缺点就是由于评论太多，好的观点会在成为有价值的讨论内容之前很快就被埋没了。

e. 评估。对 MOOC 的学习效果进行测试、考试、评分是一项非常重要的事情（尤其是 MOOC 及其他"新型学习"是否可以授予学分的问题）。

（2）MOOC 快速发展的原因

MOOC 作为在线教育的一种形式，为什么能迅速地从正式课程教育的辅助手段"蜕变"为一种备受瞩目的新型在线教育模式？其原因有以下几点。

①互联网技术及智能设备的支持。互联网技术的不断发展进步，深刻影响着世界经济、政治、文化社会及教育的发展。近年来移动网络技术的不断进步，智能手机、平板电脑等一些智能设备也逐渐成为人们生活的一部分。人们观看在线视频不再完全依赖电脑，可以在手机和平板电脑等其他智能设备上完成，大大降低了在线学习的门槛，同时也为在线学习带来了更多的自由空间。在互联网技术及智能设备的支持下，MOOC 的学习者能够更自由地掌握自己的学习时间和学习进度。

②知名高校的加入。众多知名高校的加入是 MOOC 快速成长的原因之一，除初期的斯坦福大学、普林斯顿大学、密歇根大学、宾夕法尼亚大学外，加州理工学院、哥伦比亚大学在内的来自四大洲的多所知名大学不断加入 MOOC 行列。对于各国知名高校而言，MOOC 平台是高等教育的"新大陆"，谁都不希望失去向全世界传播知识，提升国际地位的机会。在未确定 MOOC 对高等教育是否具备颠覆性影响的前提下，参与其中是最好的选择。

③稳定的教学模式为批量制作课程提供了可能。网络教育实践证明：较好地总结网上学习效果的教学经验是 MOOC 的基本教学模式。如网上学习辍学率高，不能单独依靠学生的自学，一定要有教师引导授课；课程持续时间应与通常大学教育一样，约 8~12 周，教学每周分模块进行，每周都要交作业，并给学生足够多的练习；授课以视频教学录像为主，主要是板演，并配以教师的讲解，每个视频 8~12 分钟，穿插小测试，以检验学生的掌握程度，通过论坛投票对问题排序，让教师只重点回答大家都关心的问题；鼓励同学互教互学，帮助解决学习中的疑难问题等。

4. SPOC 的建设与管理

MOOC 具备远程教育的优势，传统课堂能够弥补 MOOC 无法面对面交流和进行实践活动的缺点，将 MOOC 与传统课堂进行有机融合与结合是 MOOC 可持续发展的途径之一，MOOC 重要的发展趋势就转变为课堂教学工具，也就是进入 SPOC 时代，将传统的"课上听课，课下答疑"翻转为"课上讨论，线上学习"。

（1）SPOC 的概念与类型

SPOC 是英文 SmaU Private Online Course 的简称，即"小规模限制性在线课程"，也称为"私播课"或"翻转课堂"，由加州大学伯克利分校的阿德曼-福克斯教授最早提出和使用。Small 和 Private 是相对于 MOOC 中的 Massive 和 Open 而言，Small 是指学生规模一般在数十人到数百人；Private 指对学生设置限制性准入条件，达到要求的申请者才能被纳入 SPOC 课程。

SPOC 是针对在校学习者的一种改进 MOOC 教学手段，它把 MOOC 资源供于单一教学或班级等小规模的学习者使用。即 SPOC 就是在传统的校网课堂采用 MOOC 的讲座视频，可在线评价等功能辅助课堂教学，是一种课堂教学与在线教学混合学习的新模式。其基本流程是：教师把视频材料作为家庭作业布置给学生，然后在课堂教学中回答学生的提问，了解学生已掌握了哪些知识，没有掌握哪些知识，在课堂与学生一起处理作业或其他任务教师可以根据自己的情况和学生的具体需求，自由地设置和调控课程的进度、教学节奏和评分系统，根据设定的申请条件，从全球的申请者中选取一定规模（一般为 500 人）的学习者进行 SPOC 课程学习，学习者必须保证学习的时间和学习强度，参与在线讨论，完成规定的作业和考试等，考试通过的人员可获得课程完成证书。未申请成功的学习者可以旁听生的身份注册学习在线课程，可以观看视频、自定学习节奏、完成指定的课程材料、做作业、参加在线讨论等，但他们不能接受教学团队的指导与互动，课程结束时不能获得证书。

（2）SPOC 的优势及发展趋势

随着 MOOC 平台、上线课程与学生注册人数的迅速增多，MOOC 课程的质量危机越来越突出。实践证明，MOOC 在发展过程中对提供课程的学校和学习者都存在亟待解决的问题。"不设立先修条件、没有规模的限制"是 MOOC 的发展优势，但也是其发展局限。不设立先修条件，学习者的注册率高，但学习者的知识基础参差不齐，能够坚持完成的比例较低，影响学习者的学习自信心；同时，由于多数学习者不能按既定要求完成学习任务，也影响教师的教学积极性。对学生来讲是完全免费的在线教育，但对学校来讲却需要支付课程制作、教师工作量薪酬、平台使用等多项费用，难以持续发展。另外，部分授课教师的授课方式未能完全符合 MOOC 的理念，上线的课程有部分是用先进的信息技术新加工的教学材料，授课的质量受到一定的影响。当前，MOOC 对大学实体课程的影响较小，因此，加州大学伯克利分校等开始跨越 MOOC，尝试小而精的 SPOC 模式。

SPOC 在以下几方面优于 MOOC。

①SPOC 在推动大学对外品牌效应的同时，促进了大学校内的教学改革，提高了校内教学质量。SPOC 较好地适应了精英大学的排他性和追求高成就的价值观，帮助大学实现了提高质量的真正目标，创造出更为灵活有效的方式；在把课程授权给其他学校的同时，提供教师的培训指导，使其他大学也提高了教学质量。

②SPOC 为 MOOC 提供了可持续发展的模式，成本较低，可创收。

③SPOC 创新了教学模式，重新定义了教师的作用。SPOC 让教师重新回归校园，成为课堂的真正掌控者。课前，教师要根据学生的需求整合各种线上和实体资源；课堂上，教师组织学生分组进行研讨，为学生提供个性化指导，共同解决遇到的问题；SPOC 创新了课堂教学模式，激发了教师的教学热情和课堂的活力。

④SPOC 增强了学生的学习动机，为学生提供了深入的学习体验机会，有利于提高课程的完成率。

第三节　高校教育质量监控管理体系

学校开展的各项教学活动是教学质量的一种动态体现，是学生在教师的引导下，系统学习科学文化基础知识和基本技能，确立科学的世界观、人生观和道德观，发展智力和体力，提高学生全面素质的过程。因此对整个教学过程实施质量监控，确保教学过程各个环节的有效运转，真正做到按教学自身发展的规律组织教学，运用科学的方法管理教学，调动全体师生在教与学当中的积极性、创造性，实现教学管理科学化、民主化、现代化是非常重要的。通过监控体系的建立与实施，不断提高高等学校的教育教学质量。

一、重构教学质量监控的过程管理体系

再造合理、完善的教学质量监控体系是全面提高教学质量的必然要求，是依法治理学校的良好体现，关系到学校发展的各个环节，是一项庞大的系统工程，也是学校改革与发展的一项艰巨任务。高等学校教学质量的主要影响因素分硬件与软件两方面，硬件方面主要是教学设施条件，软件方面有生源质量、教师的教学水平、学生的学习水平、校风、教

学管理水平等等。其中教学质量管理在学校现有办学条件下起着非常重要的作用，其重点是对教学的全过程进行有效的教学质量监控。在新形势下，采取一系列措施再造与重构教学质量监控过程管理体系并付诸实践，对于全面提高教学质量起着关键的作用。

（一）指导思想与基本原则

1. 指导思想

坚持以教学质量为生命线和以学生为本的指导思想，重视教学各环节的教学质量，使教学质量监控与保障体系运行始终围绕高素质创新人才的培养。

2. 基本原则

（1）目标原则

教学质量监控与保障的目的是保证完成教学任务，实现培养目标。其任务就是发现偏离于计划目标的误差，并采取有效的措施纠正发生的偏差，从而确保教学任务与培养目标的实现。

（2）全员性原则

教学质量离不开全体师生员工的共同努力，人人都是质量监控与保障系统中的一员，其中学生是主体，教师是主导，系（部）、教研室是基础，职能部门是核心，院系领导是保证。

（3）系统性原则

教学质量涉及教师、学生、教学设施等多方面，同时与学院办学定位、培养目标和管理等密切相关，是一个系统共同作用的结果。由学院、职能部门、系（部）、教研室和学生班级等构成的一个多层次、纵横交叉的网络，是一个完整的教学管理系统。

（4）全程性原则

教学质量主要是在教学实施过程中形成的，质量监控与保障系统应能对教学的全过程进行监控，要做到事先监控准备过程，事中监控实施过程，事后监控整改过程。

（二）目标与保障措施

1. 目标

构建教学监控与保障体系，重点是建立和完善科学、合理、易于操作的评估高校本科教育教学管理研究与进展指标体系与相应的奖惩制度。通过教学质量的动态管理，促进学院合理、高效地利用各种资源，保证教学工作的正常运行，全面提升学院教学质量。

2. 保障措施

（1）组织保障

确保教学质量保障与监控体系的正常运行，充分发挥全员性原则，建立校院两级组织机构，形成"专兼并举，主辅结合"的管理队伍，形成管理合力。

（2）制度保障

使各项教学管理工作制度化、科学化、规范化和现代化，保证教学工作有序进行与教学质量不断提高，系统地建立一套较为完整的管理规范体系，使整个教学活动有章可循、规范有序。

（3）经费保障

促进教学质量不断提高，在教学设施建设、专业建设、课程建设、师资队伍激励等方面按照建设与发展要求，给予经费支持。

（三）教学质量监控与保障体系的构成

教学质量监控与保障体系由教学质量决策、教学质量监控、教学质量实施、教学质量信息收集、教学质量信息反馈五个子系统组成。它是一个逐层向下监控、逐层向上负责的"责权合一"的质量管理系统。本科教学工作的组织、安排责任在学校及各相关学院，教学环节的设计与实施的责任在教师。

（四）教学质量监控与保障体系各子系统的功能

1. 教学质量决策系统

教学质量决策系统由主管教学校长负责的教育教学建设委员会组成。通过教育教学建设委员会等组织开展教学决策活动，负责对教学工作进行宏观指导与管理，审定各教学环节的质量标准，协助协调各院（系）、职能部门按照基地的发展定位、办学理念和人才培养目标，制订本科教育教学改革与发展规划和条件建设计划。

2. 教学质量监控系统

教学质量监控系统由学院（系）院级领导小组组成。通过制定一系列规章制度，激励广大教师开展教学工作，负责组织学院（系）教育教学建设委员会委员、教学督导专家、管理人员及学院（系）聘请的其他人员，对教学工作各个环节进行质量巡查，开展本科教学工作状态监控，实施质量评估。

3. 教学质量实施系统

教学质量实施系统由教学副院长（主任）负责的教学质量保证系统组成，负责落实学院（系）教学工作的中心地位、落实授课教师教学任务、推进教学内容与课程体系改革、做好专业、课程、教材、现代化教学手段建设等工作；配合学院（系）完成对各教学环节教学工作的状态监控和质量评估。

4. 教学质量信息收集系统

由院（部、系）教学副院长（主任）负责的教学质量信息收集系统组成，包括教师评学、学生评教。通过各种方式、广泛收集各级各类人员和学生对教师课堂教学效果的评价意见；对教风学风建设、教学改革的有关建议；对实践教学环节，尤其是对毕业论文（设计）的意见和建议等。汇总、处理各类意见和建议，及时反馈给相关学院、授课教师、学生班级和学生管理部门等。

5. 教学质量信息反馈系统

由院（部、系）教学副院长（主任）负责反馈教学状态及质量测评结果，信息及时到位，问题、责任到人，发现问题限期整改。对于通过教学检查、质量抽查或其他渠道获取的教学信息，通过文件、报告、简报或校内媒体等方式及时发布给有关教学单位和部门，要召开教学信息反馈会，敦促教学问题尽快解决。

（五）教学质量监控的主要环节及实施要点

1. 专业建设

专业建设的主要监控点为人才培养目标，人才培养方案的制订、执行与调整，专业办学水平与特色，课程体系建设等方面。

2. 课程建设

课程建设的质量监控主要从建设目标、实施计划、课程师资梯队、特色创建、改革成效等方面进行评价。

3. 教学大纲的实施

教学大纲是进行教学管理、教师组织教学的主要依据。对教学计划、教学大纲实施情况的监控主要从课程安排情况、教学计划落实情况、实验课开设情况、实践环节的落实情况、教学大纲编写、教材选用、学生考试情况等方面进行评价。

4. 课堂教学

课堂教学是教学质量的核心环节。主要从课前准备、教学过程、课外作业与辅导、成绩考评等方面实施监控，包括备课是否充分、教案是否完整、教材是否恰当；讲授是否清晰、概念是否准确、内容是否更新、重点是否突出、是否启发思维、是否因材施教；课后作业与辅导是否到位；学生课程学习成绩考核是否科学、合理等。

5. 教材质量

对教材质量的监控主要从教材水平、使用效果等方面进行评价。

6. 实践教学

实践教学监控主要考核创新科研实验平台的内容与体系改革，实践计划、执行及效果。

7. 毕业设计（论文）

毕业设计（论文）监控主要从选题性质、难度、分量，开题、中期、答辩、综合训练度、指导教师资格与水平及精力投入，学生学习态度、实际能力、设计（论文）质量、规范度、基础理论与专业知识、学术水平等方面进行评价。

8. 教学效果

教学效果监控主要从讲授质量、教学方法的运用、教学手段的使用，教书育人、因材施教、学生学习课程知识的情况，考核试题与评阅质量等方面进行过程监测和事后评价。

9. 教学改革

教学改革一方面着重于教学管理、教学内容与课程体系、人才培养模式、实践教学、文化素质教育等方面的改革成效；另一方面侧重于教学内容的改革、教学方法与手段的创新、多媒体课件的开发，争取教改项目的积极性、推出教研成果、编写并出版高质量的教材或教学参考书等方面。

二、高校教学督导现状及其队伍建设

教学质量是学校的生命线，加强教学管理，建立行之有效的评价与约束机制，构建合理的教学质量监控与保障体系，成为高校十分关注与亟待解决的重要工作，教学督导体制作为教学质量监控体系的重要子系统，也成为教学管理改革与发展的必然趋势。

教学督导是高校对教学质量监督、控制、评估、指导等一系列活动的总称，目前主要的工作方式是通过对教学活动全过程和教学管理进行检查、监督，掌握情况，总结经验，发现问题并及时分析指导，从而保证教学质量的提高。

（一）教学督导的现状

1. 教学督导的制度保障与运行机制方面

随着高等教育改革的不断深化，高校教学质量的竞争越来越激烈，许多高校为提高核心竞争力，先后建立了校、院（系）两级教学督导制度，一般情况下这些督导机构都是在主管教学副校长的领导下开展工作，按照国家教育方针、政策和学校的规章制度，以专家身份面对校内的教与学双方和教学过程，对影响高校教学质量的各种因素进行监督、检查、评估、指导等活动。多数高校制定了专门的教学督导文件，以保证教学督导工作有章可循，对教学督导的职能定位、职责及人员组成做出了界定。

大多数高校教学督导机构有两种模式，一种是由校长或者主管教学工作的副校长直接领导下的独立部门，与教务处平行没有隶属关系的教学督导部门；另一种是挂靠在教务处或高教研究所，或是教务处下属的一个科室、督导组。第二种模式占较大比例，督导组可以较方便、及时地获取信息，但缺乏自身机构的运行机制和规则，缺乏有效的制度和机制保证，教学督导的定位不明确，工作职责不明确，督导效果不明显。

2. 教学督导的工作职能与工作方式方面

调查分析发现，许多地方高校教学督导工作开展的效果很好，如教学督导人员随机性、经常性深入课堂听课，将问题及时向学校反馈，学校及时采取措施进行解决，保证了日常教学秩序的正常运行；教学督导人员参与各教学单位的教学检查，推动了二级学院教学管理的不断完善与健全；教学督导人员通过课堂教学督导与教师专项培训活动，促进了青年教师快速优质过教学关，提升师资队伍水平；督导人员参与精品课程、建设与评估，推动了学校课程体系、教学手段与方法改革；督导人员参与教学评估、专业认证、教学评估等工作，推动了学校学科专业建设，使学校的教学水平与质量不断提升。

部分地方院校把教学督导工作简单地理解为督促检查，具体工作就是帮助学校收集信息、做出评价、上报结果，重检查轻指导、重发现问题轻解决问题，督导工作停留在"找毛病"的阶段，如有的高校只通过督导人员听几次课就简单地对教师课堂教学质量进行评定，而且评定结果与职称、评优、评先考核结合，不仅教学督导职能没有得到充分发挥，而且容易使教师对督导工作产生抵触态度，产生误解，使督导工作难以达到真正的效果。

（二）强化教学督导工作的措施

1. 构建健全的督导制度体系

（1）确定合理的督导模式

随着新一轮普通高等学校本科教学工作合格评估的开展，学校应以促进教学质量的提高为重心，以发现问题为前提，以改革教学环节为途径，重新定位教学督导工作，重构与本科教学合格评估相结合的校、院二级督导管理机构，在二级学院成立院级督导小组，教学督导工作重心下移，进一步强化各学院的自我质量监控功能，充分调动二级学院的积极性，发挥各学科专家在各自专业方面的优势，使督导工作更有针对性与实效。

（2）健全教学督导体系

进一步明确督导人员的责、权、利，提高教学督导在质量监控体系中的地位和作用，强化其督导功能。

2. 督导与服务相"融合"

"导"是教学工作的重点内容，"督"是为了更有效地"导"，以"督"为辅，以"导"为主，两者相融合才能使"导"具体到位，"督"得到延深和落实。督导人员要通过对教师工作的"督"，了解和掌握其不足，帮助他们解决教学中出现的问题，改革教学方法与手段，提高教学技能；督导人员要挖掘教师的潜能，帮助他们总结经验，养成个性化的教学风格。同时，校院两级管理部门要定期组织召开督导工作会议，听取建议，梳理信息，解决督导中存在的问题，帮助督导人员提高工作效率与督导水平，以便更好地服务教学工作。

3. 构建"三督一体"督导内容体系

教学督导的内容包括督教、督学和督管三个主要环节。督教是对教学环节的监督检查，大部分地方高校较重视督教，而督学和督管工作未得到体现。督学是对学生学习活动过程的检查与指导，学生是体现学校教学质量的载体，是教学督导的重要对象。督学的内容包括学生"三观"、学习自觉性等德智体多方面；通过督学促进学生自我控制、自我管理，提高学生综合素质。督管是对教学管理人员的检查指导，一方面，学校要对教学管理人员的工作进行检查评议，保证教学管理部门最大限度地履行其教学管理职责；另一方面，学校要对教学管理人员进行系统的教学管理知识培训，提高教学管理素养和能力。可见，只有构建"三督一体"的督导内容体系，才能真正全面、高效地发挥教学督导的作用。

4. 加强督导队伍的专业化建设

国外历来重视督导人员的整体素质，督导人员精通教育理论、教育管理与教学实践。建立一支专兼职相结合，专业、年龄结构合理，素质良好的督导队伍是高等教育教学改革与发展的需要，也是高校提高教学质量的必然要求。高校要加强督导队伍的专业化建设，加强督导队伍的专业结构优化，要求督导人员具有专业知识、专业技能和职业道德；建立有效的教学督导人员培训机制；明确其职责与职权；加强其理论与技术研究，提高督导工作水平。

综上所述，教学督导作为一项保证教学质量的有效手段，在教育决策的制定、教学管理的规范和教学质量的提升等方面发挥了积极的作用。高校的教学督导系统能否顺利构建及优质运行，其关键取决于是否具备一支高素质的督导队伍。

三、普通高等学校本科教学评估对质量保障与监控的考查

（一）本科教学工作水平评估考查要点

本科教学工作水平评估对质量监控的考查包括三个主要观测点，分别从教学规章制度的建设与执行、各主要教学环节的质量标准和教学质量监控三方面进行考查，质量监控为重要指标。

（二）"教学规章制度的建设与执行"考查要点

学校教学规章制度的建设和教学管理文件要完善，学校文件要体现先进的教学思想，积极采用先进的管理技术，采取措施确保各项规章制度的执行。

（三）"各主要教学环节的质量标准"考查要点

学校要制订各个环节的质量标准，没有质量标准就无法评价各教学环节的质量，教学质量是多层面、多样化的。主要教学环节包括理论教学、实践教学（实验、实习、社会实践、课程设计、毕业论文或设计等）。质量标准是为达到目标、水平和要求而制订的规范性文件。标准应具有目的性、规范性、可操作性。质量标准要符合学校的定位、人才培养目标和规格。课程建设、专业建设也都应有相应的质量标准，教师的教学工作也应有相应的工作规范。考核时除要求提供一系列质量标准文件外，还要考核标准的执行情况。

（四）"教学质量监控"考查要点

建立自我完善、自我约束的教学质量（含实践教学）监控与保障体系是教学质量控制的重要保证。教学质量监控与保障体系包括六个环节，一是要确定目标，二是要建立各个教学环节的质量标准，三是信息与收集（包括统计、检测），四是评估（建立学校评估机制），五是信息的反馈（收集的信息要反馈），六是调控。这几个环节构成教学质量监控体系。

特别强调了毕业设计（论文）环节的规章制度，包括毕业设计（论文）所要达到的教学目的、选题原则、指导教师的资格等，要体现不同专业特点的质量标准、评分标准、答辩成绩等。

考查内容：教学检查与评估的材料，教学督导、领导干部听课制度、听课记录，每年有关教学通报及处分决定等。

（五）本科教学工作合格评估考查要点

本科教学工作合格评估对质量管理的考查包括 1 个二级指标，2 个主要观测点，分别从规章制度和质量控制两方面进行考查，质量监控为重要指标。

1. "规章制度" 考查要点

规章制度重点考查教学管理文件的完备性，教学基本文件（教学计划、教学大纲、学期进程计划、教学日历、课程等）制定的科学性，教学管理流程的清晰性，教学运行的有序性，执行制度的严格性和有效性。

2. "质量控制" 考查要点

质量控制主要考查教学质量监控体系的六个环节：①培养目标的确定；②各个教学环节的质量标准的建立；③教学信息的收集（包括统计、检测）；④学校自我评估制度的建立；⑤信息的反馈（收集的信息要反馈）；⑥调控，重点考查教学质量监控的组织机构、队伍构成、监控措施，信息处理和反馈通道，考查中可以查阅教学检查原始资料及学校本科教学年度质量报告等。

（六）本科教学工作审核评估考查要点

1. "教学质量保障体系" 考查要点

该部分包含四个审核要点，建设时应注重确定人才培养目标和质量标准，有相应人、财、物条件的保障，有组织保障机构，有效开展自我评估和质量监控，及时收集教学信息，及时反馈信息，调节改进工作，考查时第一关注学校是否建立了科学合理的各专业人才培养方案，是否建立了理论教学、实验教学、实习实训、毕业设计、考核等各主要教学环节的质量标准。第二关注学校是否有质量保障的组织机构，是否有满足要求的质量管理队伍。第三关注学校是否建立了完善的教学管理制度，并有效落实。

2."质量监控"考查要点

质量监控是质量保障体系最重要的内容之一，考查时要关注学校是否建立了完善的教学质量管理制度和教学质量监控机制，对主要教学环节的教学质量实施了有效监控；是否建立了一支高水平的教学督导队伍，对日常教学工作进行检查、监督和指导；是否建立了完善的评教、评学制度；是否定期围绕人才培养工作开展自我评估，包括课程评估、专业评估和学校二级学院（系）评估等，特别是教师和学生对教学工作的评价，注重学生学习效果和教学资源使用效率的评价，注重用人单位对人才培养质量的评价。让二级院系和每位教师知道制度，充分发挥制度的作用。建立激励机制以调动广大教师内在的教书育人的积极性才能提高质量，在规范制度建设与实施的基础上，重点关注激励制度的建设与实施。

3."质量信息及利用"考查要点

质量信息及利用包括三个考查要点：校内教学基本状态数据库建设情况，质量信息统计、分析、反馈机制，质量信息公开及年度质量报告。质量信息的统计、分析与反馈是质量保障体系有效运行的重要保证。该要素重点考查学校校内教学基本状态数据库的建立，教学状态信息定期更新情况；常态监控信息和自我评估信息的统计分析，分析结果反馈和工作改进情况。

4."质量改进"考查要点

质量改进包含两个考查要点：质量改进的途径与方法和质量改进的效果与评价。质量改进是针对目前教学质量存在的主要问题、薄弱环节和未来可能出现的问题，采取有效的措施纠正与预防，实现持续改进的目的，质量改进是教学质量保障体系的重要环节。重点考查学校是否有负责质量监控的组织机构，推动改进工作；是否有经费和政策保障质量；是否有推进质量改进的途径和有效方法，使改进工作得以落实，使质量保障体系能够完整有效地运行，形成质量保障的长效机制。

第四章 高校教育教学管理的实践

第一节 高校文化管理

一、文化的概念

文化管理就是"人化管理"，就是以人为根本出发点，并以实现人的价值为最终目的的尊重人性的管理。这种管理是靠管理主体与管理对象之间所形成的文化力的互动来实现的。文化管理的核心是"以人为本"。

学校文化管理与企业文化管理有着密切的关系，它借鉴了企业文化管理的思想，但是学校文化管理更是它自身内在文化因素发展的必然要求。因为学校本身就是一种文化存在，是一个文化实体，它是以传承和创造文化为己任的，是以文化为中介培养人、塑造人的机构。

学校与文化的关系是其他任何社会要素、社会组织所不可比拟的，在学校管理中，更应当重视文化的因素。文化管理是学校管理顺理成章、水到渠成的结果。

学校文化管理是以文化为基础，注重学校文化建设，并利用文化要素和文化资源实施调控的学校管理活动，它具有价值性、伦理性、知识性、人本化、合作性、品牌形象性、整合性等特征。

学校文化是学校的灵魂。学校文化不仅是老师的灵魂，更是学生的灵魂。学校文化建设的核心在于师生的认同，认同的关键是参与。可以说，无论是学生还是老师，如果对自己的学校文化没有清醒的认识，就像身处异国的游子，不时会产生陌生感和沮丧感，很难学有所成。

二、大学文化管理的特点和意义

（一）文化管理和大学文化管理的特点

1. 文化管理的特点

（1）管理的中心是人。从科学管理以物为中心转变为文化管理以人为中心，人既是管理的出发点，又是管理的落脚点。尊重人、关心人、培养人、激励人、开发人的潜力，是文化管理的关键。

（2）管理的人性假设前提是"善"。科学管理把人看作"经济人"；文化管理把人看作"自我实现的人"和"观念人"。

（3）控制方法追求主动。科学管理以外部控制为主，重奖重罚是主要手段；文化管理中心内置，依靠人文关怀等激励手段调动、激活行为主体的内在需求和动力，追求主动发展。

（4）管理重点为文治。科学管理直接管理人的行为，职工的一言一行都有制度约束，是典型的法治；文化管理严于管理人的思想（信念和价值观），间接影响人的行为，是一种新的管理方式——文治，即以文化来治理。

（5）领导者类型为育才型。在科学管理中，领导者恰如乐队指挥，属于指挥型领导；在文化管理中，领导者既是导师又是朋友，属于育才型领导。

（6）激励方式以内化为主。科学管理以外塑为主，依赖于工作的外部条件；文化管理以内在激励为主，着重满足职工的自尊和自我价值实现的需要，依赖于工作本身的魅力。

（7）管理特色具有人情味。科学管理的特色是纯理性管理，排斥感情因素；文化管理的特色是将理性与非理性相结合，是有人情味的管理。

（8）组织形式具有开放性。在科学管理中，权力结构明确，是"金字塔形"组织；在文化管理中，权力结构模糊，管理者与被管理者更为平等，是平等沟通、自我学习的学习型组织。

（9）管理手段具备"软"特征。科学管理是依靠强制性的制度和物质手段的投入；文化管理是依靠思想交流，价值观的认同，感情的互动和风气的熏陶，即依靠非强制性和非物质性手段的投入。管理由硬管理为主走向软硬结合，以软管理为主。

（10）管理者和被管理者的关系改变为同伴互助。科学管理强调了上级与下级之间的关系，管理者靠制度约束人；文化管理中管理者和被管理者是为了共同的目标而携手并进的，是合作伙伴关系。

2. 大学文化管理的特点

大学既是文化发展的重要成果，又是文化建设的重要载体，作为人才培养的基地，大学理应发挥文化育人作用，为中国特色社会主义事业培养建设者和接班人。作为知识的集散地和思潮的发源地，大学理应成为社会文化的风向标和引领者。在推动社会主义文化大发展大繁荣的进程中，大学一方面要加强自身的大学文化建设，另一方面要承担文化传承创新、文化辐射引领和文化服务支撑的重要使命。突出"以文化人"的教化性，这是大学文化区别于其他文化形态的重要特质；注重主流价值的导向性，这是建设社会主义大学文化的必然要求；建设各具特色的大学文化，这是各个高校张扬个性，增强文化发展生命力的关键所在。

（1）教化性

大学以人才培养为天职，大学文化必须始终围绕育人这一中心任务展开。大学"以文化人"，即通过文化潜移默化地感染人、熏陶人、教化人，从而达到情感陶冶、思想感化、价值认同、行为养成的功效。按照马克思主义的观点，教育的目的是促进人的全面发展，大学文化育人的过程实际上就是塑造健全人格、开发智力潜能、丰富生命内涵，使受教育者得到自由、全面、完整发展的过程。

（2）导向性

文化并非一个中性的概念，其本身具有鲜明的价值取向。当今社会呈现出多元思想文化相互交织、相互激荡的格局，需要一个占主导、支配地位的价值观来引领大学文化建设。

（3）独特性

有个性才有魅力，特色鲜明的大学文化才是有生命力的文化。虽然大学精神具有探索真理、崇尚学术、传承文化等共性追求，但由于各个高校文化传统、类型风格各异，社会对大学的需求多样化，因此，必须建设和发展各具个性的大学文化，营造不同类型、不同层次、不同风格的大学文化形态，形成异彩纷呈、和谐互补的整体大学文化格局。多年来，我国不少高校办学定位趋同、办学理念雷同，导致大学文化建设缺乏个性，存在着同质化的倾向，这从反映大学精神文化精髓的校训表述中就可以看出，"求是""创新""厚德"等成为千篇一律的高频词。

（二）大学文化管理的意义

文化，这是一种历久的精神创造活动及其成果。

纵观学校发展的历史，正经历着从经验管理、制度管理（科学管理）向文化管理转型的历程。学校文化管理是一种新型的更高级的管理形态，是学校经验管理、制度管理（科学管理）的总结和升华，是管理内容的回归，是与知识经济时代相适应的学校新的管理方式。作为学校管理者，构建文化校园，积极推进学校文化管理具有极其重要而深远的意义。

随着社会主义市场经济体制的建立和完善，学校建设中也逐渐引入了市场力量，学校之间的竞争在逐渐地加剧。学校要在竞争中处于优势地位，必须具备某种核心能力，充分发挥文化传承创新功能、文化辐射引领功能和文化服务支撑功能，对学校的发展具有深远的影响。文化对学校和人的发展存在的影响可以从深、广、远、忧四种状况来理解。

深：学校文化管理是一种内隐的、深层次的、无形的力量，这种力量决定着学校的改革、发展和成败。文化是根、是魂、是格、是力。学校文化具有：导向功能、提升功能、凝聚功能、激励功能和稳定功能，为学校的发展带来动力。

广：文化无处不存在、无人不显示、无事不体现，弥漫在整个学校的全部生活之中，甚至影响到社区文化和城市文化。

远：与生俱在、与校共存、与人同享，学生时代有幸经历先进学校文化的熏陶会一辈子回味无穷、受用不尽。

忧：中国已进入压力社会和消费社会，市场经济急剧发展，竞争空前激烈。社会财富增加，但文化价值导向滞后，传统优秀文化失落。先进学校文化建设是学校优质发展的根本，没有文化的学校是另类的薄弱学校。因此，只有学校文化，只有学校的不同追求、不同理想、不同价值取向以及由此形成的不同管理风格、工作方式和生活方式，才是一所学校区别于其他学校的根本原因。

大学文化的内部功能主要表现为教化育人，大学文化的外部功能则包括文化的传承与创新、传播与辐射、示范与引领、服务与支撑诸多方面。党的十七届六中全会提出了深化文化体制改革、建设社会主义文化强国的目标，这也给大学发挥文化功能提出了更高的要求。大学在服务文化发展、促进文化繁荣方面重任在肩，大有可为。

1. 文化传承创新功能

大学既是一种教育机构，又是一种文化存在，传授知识、传承文化是大学与生俱来的职责。传承是创新的前提，创新的方式则是扬弃，在掌握前人积累的文化成果的基础上，去粗取精，赋予新义，创立新知识，形成新文化。大学正是这种新知识、新思想、新理论的重要摇篮，借鉴世界进步文化，创造时代先进文化，丰富精神文化的内涵，充实人类智慧的宝库，推动社会文明进步。

2. 文化辐射引领功能

大学既是社会文化的组成部分，受到社会文化的渗透，同时又以其自身的优势深刻影响着社会文化。大学是研究高深学问、探索真理的知识殿堂，也是高学历、高层次人才相对集中的地方，承担着影响、辐射、引领社会文化的功能。大学文化通过价值判断引领社会的文化选择，通过升华大众文化、超越流行文化、抵制腐朽文化、彰显高雅文化、强化主流文化，对社会文化起着积极的辐射和示范作用，引领社会文化向着健康方向发展，更高层次发展。从历史上看，大学一直是各种新思想新理论的发源地，是各类思潮和运动的策源地，历来领文化风气之先。在历史的转折关口，往往是大学率先高擎时代的火炬，大学文化对整体文化质态的建构和文化精神的塑造具有辐射、提升、示范和引领作用。

3. 文化服务支撑功能

大学不仅以独特的大学文化影响社会文化，更以培养的大批人才去带动社会文化的发展，通过科学研究和直接的社会服务，推动社会文化的进程。在新的历史条件下，高校要充分发挥文化建设的人才库、智囊团和思想库作用，提升服务社会主义文化发展的意识和能力，为发展文化事业、文化产业及深化文化体制改革输送优秀人才、提供智力支持。高校应加强文化领域的专业建设，增加优秀传统文化课程内容，建设优秀传统文化教学研究基地，为社会输送大批高质量的优秀专业人才；应加强文化领域的学术研究，繁荣发展哲学社会科学，不断推出理论研究和文化创作的精品力作；应积极参与构建有利于文化繁荣发展的体制机制，拓展为发展文化事业和文化产业及深化文化体制改革服务的渠道，壮大文化志愿者队伍，开展各类群众性精神文明创建活动；应积极搭建国际文化交流平台，推动文化"请进来"和"走出去"，为提升国家文化软实力，增强国际话语权做出应有的贡献。

三、高校文化素质教育的管理现状

目前，我国高校文化素质教育管理机构有以下几种建制：一是管理机构附设在教务处，人员和业务归口于教务处；二是全部归口于学工部门，人员和业务直接设置在学工部下面；三是成立专门的常设机构，直接隶属于学校领导；四是成立学院负责文化素质教育工作。

相对于管理机构的多样化，目前我国文化素质教育课程设置与实施方式也是丰富多彩。主要有四种形式：一是建立课程系列，推荐必读书目；二是建立模块课程选修制；三是推行课程套餐制；四是结合欧美的通识教育形式、经验与内容，成立文理学院（通识教育学院或本科生院）。

总体来看，目前高校文化素质教育管理存在的问题主要有：其一，管理机构条块交叉。各高校虽然在机构设置上都体现了对大学生文化素质教育的重视，但在具体工作中却存在一定的差别。由于不同的体制与机构有着不同的工作范围、责任定位、职能效力与资源配置，所以其工作绩效或者说机构的工作能力也是不同的。其二，课程设置与实施方式随意性大。目前的课程设置基本上是从学校和教师的角度出发，较少考虑学生的实际期望，因而难免有些课程学生不感兴趣，也难免有价值不大的课程混杂其中，在课程的构成上科学论证不足，"拼盘"现象明显。其三，课程内容存在知识化倾向。高校大多以掌握知识的数量来考虑课程的价值，以知识体系的选择来代替课程体系的设计，造成了知识量太大而课时有限的困境。其四，评价体系不完善。现有的以学校为单位的评价体系存在各自为政、各有侧重的特点，尤其受到行政力量与个人好恶以及传统思维的影响。

四、学校文化管理的构建

针对高校文化素质教育管理存在的问题，怎样致力于学校文化建设？相对于学校硬环境建设和制度建设，学校文化建设具有看不见、摸不着的隐性特点，需要我们做出更加艰巨、更加长期的努力。

学校文化与制度管理是有机统一、互为补充的。做管理工作最终的落脚点是人的思想问题。严格管理的规范的制度能否落实到位，取决于人的思想高度和认识程度。学校文化必将为制度管理提供一个人文环境。

可以说，文化与制度的关系一如道德与法律，学校文化是学校制度的有益补充，两者相互统一。总之，学校文化的出现和完善不仅是学校发展的必然，也将是传统教育方式向素质教育方式转变的必由之路。这种文化又是人的文化，是以人为本的文化，突出"人文""人本""人情""人性""人权"在管理中的作用，从而形成一个强大的"磁场"。它是弥漫在空气中的一种精神存在，在每一位师生的呼吸吐纳中化为一种气质、一份修养，或见于谈吐，或形于笔端，形成学校管理的文化，即所谓的管理文化。校园文化建设在学校管理中的作用按其不同层次来划分，主要表现在以下几个方面。

第一，用物质文化陶冶人。校园物质文化是校园的外显文化，是以某种文字符号为载体，将校园精神显现于校园的各种标记物之中，如校服、校歌、校刊校报、雕塑、学校建筑、艺术节、文化墙、名言警句等，它是校园思想文化建设的前提和条件，是思想文化、制度文化赖以生存发展的基础和载体，有利于陶冶师生的情操。优美的校园环境有着春风化雨，润物无声的作用，如诗如画的校园风光，干净整洁的校园环境，美观科学的教室布置，文明健康的文化教育设施……无不给学生以巨大的精神力量；学生在优美的校园环境中受到感染和熏陶，触景生情，因美生爱，从而激发学生爱学校、爱老师、爱同学、爱家乡、爱祖国的高尚情操；学生在幽静的环境中学习，感到舒心怡神，从而增强环境保护意识。所有这些都有利于学生正确的世界观、人生观、价值观的形成。

第二，用制度文化规范人。校园制度文化是指校园人在交往过程中缔结的社会关系以及用于调控这些关系的规范体系，是校园一切活动的准则，它包括相关的法律法规、学校管理体制及其规章制度、组织机构及其运行机制、特定的行为规范等。校园制度文化从根本上决定着校园的正常运行和创新发展，是校园思想文化的保证。建立和健全学校规章制度，塑造良好的校园制度文化，是校园文化建设的重要内容，也是提高学校有效执行力的重要保障。制度文化以其导向性与规范性、稳定性与发展性、科学性与教育性的特征彰显校园文化。

第三，用思想文化凝聚人。校园思想文化是指学校在长期办学过程中形成的一种学校意识和文化观念，它是一种深层次的校园文化，是校园文化的灵魂，主要体现在班风、校风的建设上。班风、校风看不见、摸不着，但它渗透表现在校园内多种文化载体及其行为主体身上，让人时时处处切实感受到它独特的感染力、凝聚力、震撼力。置身其中，受教育者无须教育者更多的说教便会自然而然地、不知不觉地感悟它对心灵的净化和情感的熏陶。校园思想文化是校园的内隐文化，是校园文化的深层内涵，是在长期的校园物质文化、校园制度文化和校园行为文化的建设过程中积淀、整合、提炼出来的，反映学校广大师生员工共同的理想目标、文化传统、学术风范和行为准则的价值观念体系，难以用文字、符号表达出来。校园思想文化是一所学校整体面貌、水平、特色、凝聚力、感召力和生命力的体现。

校园思想文化作为一种强大的教育力量，对广大师生的健康成长有着巨大的影响：一是导向功能，即指导个人正确认识和处理个人与学校组织的关系，把个人行为引导到学校组织目标上来，使他们向着学校期望的方向发展；二是凝聚功能，即思想文化起着心灵黏合剂的作用，它把各个方面、各个层次的人都聚合到一起，使师生员工对学校产生一种使命感、自豪感、归宿感，形成强烈的向心力、凝聚力和群体意识；三是激励功能，即思想文化往往能产生一种激励机制，激起校园人的积极性、主动性与创造性，使学校成员保持高昂的情绪和奋进精神，获得各种精神需求的满足；四是控制功能，即思想文化具有强大的制约力量，使校园人接受必要的约束，使个体行为符合共同的准则；五是辐射功能，即校园思想文化以其独特的方式，在向师生教育、影响的同时，也对周边及社会产生影响。

（一）教师文化管理及其构建

1. 教师文化

从静态来看，教师文化就是教师群体在长期的教育教学实践中形成的教育思想、教育信念、职业情操、文化素质、品格修养以及教师角色认同等精神因素的总称，其核心是教育教学价值观；从动态来看，教师文化就是教师在教育教学活动中表现出来的习性、习惯、思维与行为方式，其核心则是行为方式。前者主要体现在教师的身份文化之中，后者则主要表现在教师的形象文化和交往文化之中。教师文化是教师群体推崇的潜规则，教师要导航班级文化和学生文化，需要在从事教育教学活动的过程中形成释放教师能量的潜规则。

2. 在文化管理中教师应该做到以下几点

（1）在教师角色文化上，要从"工具人"转变为"文化人"。教师应该是有一定的教育思想、教育价值的投影和折射的角色。

（2）在教师形象文化上，从外在形象而言，要从刻板划一转变为个性多样，男教师是绅士，女教师具备淑女风范；就内在形象而言，要从促狭无力转变为博学多能。

（3）在教师交往文化上，要从封闭疏离转变为和谐协作。

（4）提高自己的专业素养和师德水平，面向全体学生，促进学生全面发展。

3. 构建教师文化管理

教师要发展，就必须要有规划，引导教师制订个人发展计划是促进教师朝着目标前进的动力。对专业发展，教师应当有自己规划的权利，教师可以根据自己的追求，设计自我发展的方向，追求自我价值的实现。学校要帮助每一位教师实现自身价值，做到对教师自我发展规划、自身的目标定位充分尊重，鼓励教师大胆规划，追求个性，帮助教师通过不断学习探索来拓展自己的专业内涵，提高专业水平。同时，要建立激励机制、成长机制，引发教师对教育工作的认识，激发教师工作的热情，使教师有一种工作的成就感，激励教师走向教育的成功。

（1）营造教师文化

在学校管理中充满了人文的关怀，它使管理充满魅力，使之最大限度地去满足教师的需要，使每位教师都能感受到人文关怀，而这种关怀，又成为连接学校、管理者与教师的情感纽带。人文关怀让文化管理营造出一种融洽的人际关系，使教师之间互相帮助、互相尊重、团结合作，形成良好的教学氛围和工作环境，教师在这种氛围中快乐地、幸福地、创造性地工作着，勃发的工作热情使他们不断萌生新的工作需求和意识，从而在这块充满关怀的教育热土上播撒希望的种子。

（2）关注细节文化

天下难事，必做于易；天下大事，必做于细。这句话给我们阐述了细节的重要性，它告诉我们想成大事者，就必须从身边的小事、细节做起。当校长为师生搭建起自主成长的平台时，每一个细节都会点燃教师蕴含在心底的成长激情，使它生生不息，永远不灭；每一个细节都会促进教师自己致力于寻求学机，追求专业发展的最新动向，在自己的事业中开拓进取。

（3）关注课堂文化

教育是文化传递和文化传播的过程，学校本身就是文化阵地，学校文化建设和通过文化建设形成特色已经成为校长的使命。学校文化建设关乎学生能否成为自己的主人，其目的和本质就是为了学生的健康和谐发展，它必然要积淀并呈现于学生的身心发展之中。学生最美好的青春年华都是在课堂学习中度过的，我们应该将学校文化浓缩为课堂文化，并在学生身上逐渐积淀起来。

①课堂教学目标应确定为：树立"以生为本"的教育观念，一切为了学生的发展，承认学生个性差异，相信学生都存在发展潜能，因材施教，积极创造和提供满足不同学生学习成长的条件，在学生非智力因素的开发上下功夫，激发学生学习兴趣，培养学生良好的学习方式和学习习惯，增强学生学习上进的责任感和使命感，培养学生的创新精神和实践能力，将学生的发展作为教学活动的出发点和归宿。

②要将课堂教学措施锁定在：教师要树立三个教学观，即"教是为了不用教"的教学目的观；"让学生学会更要让学生会学"的教学功能观；"只有不会教的教师，没有学不会的学生"的学生观，把全面提高学生的各方面素质作为教育的根本出发点和归宿，把素质教育落实在学科教学中，使课堂教学真正成为学校实施素质教育的主渠道、主阵地。

③教师应该是学校文化建设的生力军，文化充盈于课堂上、渗透在师生间，课堂本身是一种营造学校文化的环境，在这个环境中，每一个成员都扮演一定的角色，遵守一定的规范，确立共同追求的愿景，形成一定相互影响的氛围。只有在课堂上，课程改革的理念才能得到渗透、内化；只有在课堂上，学校的办学思想和价值观念才能逐渐转化为学生成长和发展的因子；只有通过课堂文化的熏陶和感染，学生的心智才能得到发展，个性才能

得到张扬，观念才能得到提升，情操才能得到陶冶；只有通过课堂，学生才能把知识、能力、情感、价值观加以内化，继而外化为优秀的学业、良好的品质、积极的情感、日趋成熟的人生观、价值观和世界观。

毋庸置疑，课堂文化是学校文化建设中追求的最高境界，更是提升学校文化建设的必由之路。教师作为一切课堂教学活动的主体，应该积极主动营造平等、尊重，民主、生动，和谐、生成的课堂文化，不断地把学校文化转化为自己的教学行为和学生的学习行动，在课堂上实现教师的价值，展现教学的活力，积淀学校的文化，增强学生的"文化适应"。教师要引导学生通过主动学习、合作学习、体验学习、探究学习，建构知识，提高能力，形成观念，提升品质，完善人格，积淀文化。只有这样，才能使课堂成为学校文化的活水之源。

（二）学生文化管理及其构建

1. 学生文化

学生文化是指全体同学在学习、生活和工作中所共同拥有的价值观和文化取向。它一方面表现为与成人相异的一些价值观念和行为方式，反映出其要求自主独立的需求；另一方面，由于他们受着教师的引导及家长的深刻影响，也在一定程度上认同着成人的价值观念。因此，学生文化既与以教师为代表的成人文化有相通之处，又在一定范围内与其冲撞、矛盾。若干年后，学生可能忘记某位教师课堂所讲授的知识，但永不磨灭的却是内化在心灵深处的文化取向。

2. 在文化管理中学生应做到以下几点

（1）在学校德育序列活动中自觉接受理想前途教育、艰苦奋斗教育、集体主义教育、伦理道德教育、传统文化教育。

（2）形成从"要我学"到"我要学"的转变，提高学习效率。

（3）强化民主、自信、自尊、自立、自强、合作、和谐，激发自己潜在的学习动力。

（4）积极参与学校组织的各项活动，实现自我个性发展。

3. 构建学生文化管理

坚持每个学生都有潜力可以发掘的观点，在实施素质教育的过程中，更多地关注学生的可持续发展，努力寻找突破口，不断地进行探索，促进学生个性发展，培养学生科技、传统文化、体育、艺术等方面的素养，形成办学特色。实施素质教育应包括以下几个方面。

（1）科学技术教育

以人为本，立足发展，着眼整体，以全校师生为主体，努力打造科技特色，使学生的科学素养得到充分的提高。

①科学素养的培养

在学科知识的传授过程中贯穿科学素养的培养。教学中，教师要激励学生充分发挥想象力和主观能动性，独立思考，大胆探索，学会发现隐含于问题背景后的科学知识，形成独立解决问题的技能、自主学习的能力。在探究活动中培养科学素养。着力通过多种途径注意对学生探究能力的培养，激发学生对科学的兴趣，形成科学的态度和探究的能力，以期达到对学生多种学习的综合性智能的发展。在科学实验过程中培养学生的科学素养。在课堂教学中，通过实验培养学生观察和实验的能力，使其从中学会以实事求是的态度面对科学，体会科学研究的一般方法，并从学生间的团结协作中感受成功的快乐。借助实验，培养学生的科学意识，让他们学会从身边的现象和学过的知识着手，发现问题，寻找规律。

②开展科普活动

定期开展各种科普活动。开设科普讲座、科学家事迹展，从中学到知识，在潜移默化中接受科学的熏陶，培养科学的素养。

③开展社会实践活动

开展参观和体验社会实践活动，让学生亲身感受科技对工农业生产和日常生活的影响，感受社会的进步和科技的发展。比如参观工厂、农村的种植大棚、生态产业园区、高新科技园等。

④利用各种媒体途径

当今社会，是信息化高度发展的社会，网络、电视、报纸、杂志等也成为信息传递的主要工具。

（2）传统文化教育

将传统文化教育作为学生必修课程，纳入学校校本课程开发的重要内容，通过开设传统文化教育课，使学生了解中国传统文化历史，学习传统文化知识，领悟传统文化精华，弘扬传统美德，成为有理想、有道德、有文化、有纪律的新型人才。

①开展读书活动。通过读书活动的开展，让学生了解中国博大精深的传统文化，加强学生意志教育，培养他们在逆境中求生存、求发展的能力，培养他们百折不挠、顽强坚定、奋发进取的意志品质。

②开展社会实践探究活动。开展社会实践探究活动，让学生认识到文化遗产的保护与

传承意义重大。如开展家乡古遗址探究、清明扫墓祭祖、端午悼念爱国先人、中秋合家团圆、重阳登高等活动。

③营造舆论环境。营造中国传统文化的社会舆论环境，努力拓展传统文化的舆论空间，在校园设置标语、图片、宣传画等载体，展示中国传统文化，让广大师生处处生活在传统文化的氛围中，时时接受传统文化的教育。通过设专栏、办专刊，介绍中国传统文化，开展传统文化研讨活动，加大宣传力度，形成舆论环境；进一步加强对我国非物质文化遗产的保护和宣传，培养弘扬传统文化的社会风气和良好习惯。

④在学科教学中渗透传统文化教育。以传统文化丰富历史与社会学科教学内容，增强学生学习趣味，提高学科整体效益，使传统文化教育得以渗透落实。在历史与社会学科教学中引入地方课程资源，激活学生思维，激发学生兴趣，营造生动活泼的教学氛围；在学科教学中充分利用地方课程资源，培养学生的社会实践能力、健康向上的人生观和爱国主义情感，让学生了解家乡、热爱家乡，从而发展家乡，让优秀的传统文化得以传承并发扬光大，真正发挥它应有的作用。

（3）体教结合

力求通过体教结合的实践改革，提升学生的生命质量，打破传统的精英主义思想和升学取向过于狭窄的课程定位，构建满足不同学生多样化发展需要、学业与成长同步发展的一体化教育教学管理机制，让每一位学生都体会到成长的快乐，让每一位学生都在快乐中成长。

（三）物质文化管理及其构建

1. 物质文化

在校园文化建设中，精神文化是目的，物质文化是实现目的的途径和载体，是推进学校文化建设的必要前提；物质文化建设是校园文化建设的重要组成部分和重要支撑。校园物质文化，属于校园文化的硬件，是看得见摸得着的东西。校园物质文化的每一个实体，以及各实体之间结构的关系，无不反映了某种教育价值观。

完善的校园设施将为师生员工开展丰富多彩的寓教于文、寓教于乐的教育活动提供重要的阵地，使师生员工教有其所、学有其所、乐有其所，在求知、求美、求乐中受到潜移默化的启迪和教育。完善的设施、合理的布局、各具特色的建筑和场所将使人心旷神怡、赏心悦目，将有助于陶冶校园人的情操，将塑造校园人的美好心灵，将激发校园人的开拓进取精神，将约束校园人的不良风气和行为，将促进校园人的身心健康发展。

物质文化是指学校建筑、设备设施、绿化美化等学校硬件以及表现学校精神文化的雕塑、标语、校刊、校报、橱窗、板报等，它是学校中"人"的活动所创造的，体现着一种精神价值的物质结构，这些物质形式是学校价值的客观反映。静态的校园文化是一首无声的歌，无言的诗，无论是学校的长廊还是绿树花墙，都应以反映现实为目的，绘上时代的色彩。

2. 构建物质文化管理必须通过载体来实现，其中包括三种载体

（1）环境载体，包括校园设计、景观建筑。

（2）理念载体，体现学校的育人取向，是校长教育哲学思想的结晶，它表现在校训、校歌、校徽、教育理念、育人目标、价值追求等层面。

（3）活动载体，是动态的校园文化，包括校庆、纪念日、班（团、队）会、升旗仪式、艺术节、运动会、兴趣小组、科技活动等。

3. 构建物质文化管理

改造和建设各种文化设施和设备，努力提高校园文化层次，为深入开展校园文化建设创造有利的条件。

（1）提高学校设施、设备的现代化进程，大力改善办学条件，落实校园网络建设和现代化办公条件，充分利用计算机网络系统、校园广播系统、电子阅览室系统等为教育教学服务。

（2）营造自然景观、人文景观和谐交融的校园物质文化，彰显学校的文化底蕴，建设富有特色的校园环境，根据校园建设的整体规划，保留或者统筹学校人文景观的设点布局。

（3）装修教师办公楼，增设楼层卫生间；设立教师文化休闲活动中心及体育健身活动中心，改善教师办公、休闲、健身娱乐的环境。

（4）完善校园图书、照片、录像、课件等资源库的建设与应用，逐步推动无纸化校园办公自动化的进程，在学校原有的特色和长期积淀形成的基础上，进行挖掘、深化。

（四）精神文化管理及其构建

1. 精神文化

精神文化是指学校在教育教学过程中，受一定的社会文化背景、意识形态影响而长期形成的一种精神成果和文化观念，它是更深层次的文化，在学校文化中处于核心地位。它由学校的历史、传统、文化和学校领导者的管理哲学共同孕育，集中体现着学校独特的、鲜明的经营思想和个性风格，反映着学校的信念和追求，是学校群体意识的集中体现。精神文化包括学校哲学、学校精神、学校道德、学校价值观念等。

校园精神文化建设是校园文化建设的核心内容，也是校园文化的最高层次，它主要包括校园历史传统和被全体师生员工认同的共同的文化观念、价值观念、生活观念等意识形态，是一个学校本质、个性、精神面貌的集中反映。校园精神文化又被称作"学校精神"，并具体体现在校风、教风、学风、班风和学校人际关系上。

2. 构建精神文化管理应做到以下几点

（1）用学校哲学处理好学校中人（教师）与人（学生）、人与物、人与教学规律及社会发展规律的关系问题。

（2）努力构建学校的价值观念、发展目标、服务方针、办学理念和办学特色等。

（3）加强班级文化建设。班级文化以班级的荣誉感和学生的归属感为核心，以同学关系为纽带，以班级活动为载体，它是学生对学校文化、教师文化的引领加以内化而形成的一种共同的行为。自主管理是班级制度文化建设的最高境界。

3. 构建精神文化管理

（1）融入时代，开展丰富、生动的校园文化活动。

（2）利用校园平面、数字等信息及工具，充分发挥它们传播文化信息、关注社会热点、宣传校园生活，营造良好的校园文化氛围。

（3）优化校园的人际环境，在人本管理、人文关怀的思想指导下，营造宽松和谐、诚信务实、公平竞争、积极合作的人际关系，组织丰富多彩的师生员工活动，包括学术、科技、文艺、体育、辩论、演讲、社会考察等，实现人际语言、行为和心灵的净化和美化，不断提高学校整体精神的凝聚力。

（4）加强校园信息化建设，增加图书种类和数量，创设阅读环境，开展读书活动，拓展学习研究功能，满足师生求知的需求。

（5）营造校园学术探究的氛围，围绕"科研兴校、科研兴教"的基本方略，学会对环境需求做出科学的分析和反应，搭建学术平台，开展学术交流，活跃学术氛围，鼓励创新，求同存异，使学校得以可持续地发展。

（五）制度文化管理及其构建

1. 制度文化

校园制度文化作为校园文化的内在机制，包括学校的各种规章、条令、程序所组成的条文及其执行系统、行为模式，是维系学校正常秩序必不可少的保障机制，是校园文化建设的保障系统。它为人们提供了行为框架，使所有人在这个架构内有序地工作与生活，与其他人和谐相处，从而保证学校工作卓有成效地运转。

制度文化的实质，是强调以人为本的思想与科学管理的手段相结合，建立以发展人的主体性、促进人的全面和谐发展、提升人的生命价值为根本目的。制度文化关系到学校的办学目标、办学理念、发展定位、实施策略、传统特色等。

"没有规矩，不成方圆"，只有建立起完整的规章制度，规范了师生的行为，才有可能建立起良好的校风，才能保证校园各方面工作和活动的开展与落实。但仅有完整的规章制度是远远不够的，还必须有负责将各项规章制度予以执行和落实的组织机构和队伍，因此，还必须加强相应的组织机构建设和队伍建设。也就是说，制度文化建设实际上包括制度建设、组织机构建设和队伍建设三个方面，组织机构建设和队伍建设是确保制度建设落到实处，并使其真正起到规范校园人言行的关键环节，校园文化组织机构的健全和完善，校园文化队伍的勤奋与能干，对正常开展校园文化活动，加强校园文化建设，具有十分重要的、决定性的作用。

2. 构建制度文化管理应遵循的原则

（1）要遵循人的发展规律，人是管理的起点，也是管理的终点。

（2）要遵循文化管理的特点（以"软"管理为精髓），倡导精神立校。制度管理的主要功能是关注人、发展人。

（3）要遵循追求价值整合的规律，把行为个体的价值放在最重要的地位，充分尊重、信赖、依靠、激励全体师生。

（4）要遵循制度创新的原则，既要充分发挥"科学管理"中制度的"刚性"作用，又要发挥文化管理中的"柔性"作用。

3. 构建制度文化管理

（1）建立民主、科学的管理机制

①以有序、激活、创新为治校方略，进一步理顺学校内部的管理体系。

②认真贯彻落实校务公开制度，积极推行和完善民主管理制度。学校财务、教师评优等做到公正、公平、公开，增加办事透明度，自觉接受群众和舆论监督。党、政、工各司其职，通力合作，确保学校管理向着科学、民主、高效、和谐的方向发展。

③完善学校干部制度，坚持过程管理与目标考核相结合，加强对班子成员工作职能的评价与考核，建立对学校安全等工作的警示制和校长、分管领导责任追究制，逐步建立起

"能上能下，能进能出"的干部动态管理机制，为后备干部的选拔和成长创造良好的环境。

④完善评价与考核制度，制订符合现代管理思想和学校实际的管理考评制度，体现能本管理与规范管理有机统一，建立多元化的，符合素质教育要求的，有利于促进学生、教师和学校共同发展的新型学校评价标准，全面提高教育质量。在教学评价考核中，改变长期以来以学生的学习成绩作为评定教师水平的唯一标准的做法；在年度综合评价与考核、学年度综合评价与考核中，由民主评议和职能部门考评相结合，及时予以精神和物质的双重激励。

（2）实施简洁、高效的管理流程

积极稳妥地推进学校人事制度改革，形成"职、责、权、利"相统一的，并能有效调动教师工作积极性的内部管理长效机制，明确工作价值、利益导向机制，形成团结进取、和谐高效的工作氛围。

加强干部团队绩效考查，提倡新的工作精神和团队精神。全体干部要成为学校积极进取和谐发展精神的先行实践者，围绕学校中心工作，各司其职、各尽其能，逐步树立科学、民主、开放的富有个性的管理思想，提高改革创新、依法治校、民主管理等意识和行为能力，确保学校各项工作的高效开展。

总之，文化的丢失就是生存权的丢失，文化管理决定着一个学校的发展速度与状态，有什么样的文化，便有什么样的发展状况。因此，在一定的条件下，文化管理具有"决定一切"的作用，文化管理是学校发展的灵魂。

第二节　高校教师管理

教师管理制度改革事关高等教育的全局，涉及教育行政部门与政府间的关系，涉及社会保障体系的完善，更涉及学校的发展和教师本人的切身利益，同时，高校教师群体又具有明显区别于一般人力资源群体的特殊性，这要求我们在制度设计方面不能将企业的管理模式简单套用，而要根据教师群体的特点有针对性地进行设计。在改革中，我们应该以治理为模式，形成视教师为资源的人力资源管理理念，从政校关系、决策制度、聘任制度、考核制度和分配制度等方面重新设计教师资源管理体系，加强对教师队伍的培养和激励，促进对教师资源的有效利用，同时还要充分认识到校园文化在教师管理中的积极作用，建设具有独特风格的、和谐的校园文化。

一、重建政府与高校的关系

政校分离并不是说教育行政部门对高校的发展不管不问，而是要明确行政部门的权力和职责。政府应从举办者、办学者、管理者三位一体的全能型身份中走出来，重点行使其督导职能和保障职能。政校分离后，政府以及教育行政部门应重点做好高校的财政保障工作，应建立和完善财政制度，改革教育财政管理手段，从制度上保证高等教育发展所需要的稳定的资金支持，注重对资金分配和运用的科学管理，提高资金使用效率，同时，政府要充当中介和桥梁，扶持教育中介组织的建立和发展，推进各种捐款和捐赠制度的建立，加强企业和高校间的联系，广泛吸纳社会各界对高等教育的资金支持。

要继续大力推进事业单位人事制度改革，必须建立有效的社会保障制度。没有科学、有效的社会保障，高校在发展过程中就不可能放开手脚，人员的合理流动就是一句空话。只有建立有效的社会保障制度，才能彻底解决高校人事制度改革中遇到的人事关系问题。

二、高校管理者要树立"以人为本"的管理理念

以人为本不是一句口号，要真正落到实处。高等教育教学是根本，教学中教师是核心。在高校的教师管理中，要牢固树立以人为中心的现代管理新理念，追求教师资源管理的人本性，提升教师的归属感，同时将教师资源开发提升到第一的位置，使高校的人事工作能着眼于人力资源的开发，致力于人才的合理、充分利用；加强管理者现代管理理论的培训和提高，积极吸收管理学领域最新、最科学的研究成果，并将其运用到高校师资资源管理的实际中来，做到人力资源管理方法的科学化、规范化、民主化以及管理体制的合法化和规范化，营造尊师重教的良好氛围，始终坚持尊重教师的意愿，了解教师的需求，最大限度地激发教师的积极性和创造性，使教师的潜能得到最大限度的发挥，实现高校教师管理过程中理性管理和人性化管理的有机结合。要将管理职能转化为服务职能，为教师提供良好的发展空间，为教师解决后顾之忧，营造科学的发展平台，提升教师对学校的满意度，实现教师的满意与学校的可持续健康发展的最佳结合。

人本管理最重要的一点就是要宽容，这有两方面的含义：一是对待教师要宽容，要细心发掘教师的长处和优点，同时还要尊重教师个人的尊严、自我价值和个人的需要，要宽容对待教师在性格方面的特性，要经常了解教师对学校工作的意见，让教师参与到学校重大制度与改革措施的制定中来。二是对待教师的学术观点要宽容，学校特别是各学科的学术带头人要能够容忍甚至是提倡多种学术观点的并存，对个别教师提出的特异性观点不能

一棍子打死，要营造高校百花齐放、百家争鸣的宽松的学术氛围。当然，宽容不是放纵，高校教师资源管理需要有效的规章制度来规范教师行为。在负强化的基础上，更应该利用正强化效应，帮助教师尤其是青年教师制定自身的发展目标，并在教师目标的实现过程中实施有效的激励，使教师实现自我再造，充分发掘自身潜能，为教师向更高层次发展和更高价值的自我实现提供可能。

教师资源的管理应尽可能地由学院来进行，学校层面应主要负责宏观的督导与引导，其原因主要有以下三个方面。

（1）教师的管理权过分集中到学校手中，在很大程度上造成了教师和学校的对立，教师对学校的管理措施产生抵触思想，学校科层制的组织结构使学校的管理措施在实施过程中效率低下，是造成学校行政失灵的主要因素。按照治理理论的观点，对人力资源的管理应调动全方位的力量，特别要发挥学院在教师资源管理中的作用。

（2）学院是学校学科建设和发展的主要承担者，更了解学科建设中对教师资源的需求，而根据发展目标进行有针对性的管理是现代人力资源管理理论的应有之义。

（3）学院更了解教师在个人发展中的需求，在管理中更能体现对教师的人文关怀。

三、实行真正的教师聘用制，使教师做到能上能下，促进其合理流动

我国高校的聘任制应做好以下几个方面的工作。

（一）科学设置岗位，下放岗位聘任权限

这其中包括两层含义：一是要根据学校的岗位总数以及各教学单位承担的教学任务情况，科学测定各单位编制；二是将岗位分成关键岗位和一般岗位，关键岗位由学校聘任，一般岗位则根据各单位编制情况，综合考虑学科发展等因素，合理地分配到各个单位，由各单位自行聘任。

（二）合理设置任期

任期设置得合理与否，将直接决定聘任制推行的成败，任期过长，则起不到聘任制应有的激励作用，使低职称者努力的动力减退，而对高职称者又起不到刺激作用；任期过短，则违背了科学发展规律，不利于教师从事科研活动的独立性和从事长期的基础性研究。同时，具备条件的学校应实行低职称教师在一定年度内的非升即走制度，在聘任到期后，如果通不过专门委员会对其进行的教学效果、科研能力以及学术水平的考核，就必须

离开学校，这将极大地促进年轻教师勤奋上进，不断提高专业水平和敬业精神，还将对人才的流动和学术的交流起到积极的促进作用。

（三）完善聘任程序

要制定规范的聘任办法，并且在办法的制定中广泛征求教师意见，让教师积极参与到聘任制度的制定中来。在聘任程序上应公开、公正、公平，坚决杜绝暗箱操作。对于学校关键岗位的聘任，在我国无中介审议机构或机构职能不健全的情况下，必要时要聘请国内其他高校的同行专家对申请人进行鉴定；聘任工作应面向全社会公开，考核过程和结果也都要进行公示；建立教师申诉制度，如教师对聘任结果有异议，可以到指定的申诉部门申诉，申诉部门必须受理教师的异议投诉，并在规定的时间内予以答复。

（四）要与政府职能部门一起做好未聘教师的生活保障工作

特别是在推行聘用制改革的初期，除了政府职能部门要做好未聘教师的社会保障外，学校也应在能力范围内，保证教师队伍的稳定。在聘任制的推行过程中，教师身份的转变是重点也是难点，只有改变教师对学校的人身依附，完成从"学校人"到"社会人"的转变，建立学校与教师间真正的契约关系，聘任制才有可能真正实行。

四、完善教师绩效考核评价体系，建立科学的教师工作量核算模型

（一）完善教师绩效考核评价体系

1. 对教师进行绩效考核的原则

要从教学和科研两方面综合平衡考核，不能厚此薄彼。在高校的日常管理中，很容易出现重科研轻教学的现象，这一现象又容易导致一线教师教学兴趣的丧失，把主要精力放到科研上，无心进行教学以及教学法的研究，致使教学质量下降。由于对科研考核的重视，反而使科研成果日益大众化，学术价值大打折扣，同时由于教师争相进行科学研究，导致科研经费的收益下降，出现高校教师管理模式研究学研究的规模不经济。

2. 考核过程要公开公正公平

公开原则是指对教师的考核过程、考核标准以及考核结果要公开，不能搞暗箱操作，不能人为干预；公正是要求考核者在考核过程中要实事求是，不能人云亦云、送人情分，更不能打击报复，考核者应在教师中有威信，有较高的学术地位，教学效果的公认程度

高；公平原则是指应综合考核教师，不能因某一点原因就全盘否定教师的所有努力，还要给教师申诉的权利和机会。

3. 要做好考核结果的反馈和利用

考核结果要及时反馈给教师，没有反馈的考核是没有任何意义的，同时，对考核结果应有所说明，否则考核就只是一句空话，没有任何实际意义。

4. 考核应采用量化指标，又不能绝对量化

量化的指标可以更明确地评价教师的教学和科研工作，它不像描述性评价容易掺杂个人主观因素，量化的考核也可以通过调整权重等方法使评价更科学。但在设计量化指标的时候，要充分考虑到质的方面的因素，不能单单考虑授课学时、发表论文数量等，否则容易产生教师对量的追求而忽视质的追求的导向作用。

（二）工作量核算

在工作量的核算上，大体可以分为两种方法：一是教学与科研单独核算，另外一种是将教学工作量和科研工作量分别量化，赋予一定分值后加总，然后根据总分对教师的工作总量进行排序。这两种统计方法都有各自的缺点：第一种不易于管理者掌握教师的工作总量；而第二种方法中，教学与科研是两个不同性质的量，直接相加不能准确反映教师的实际贡献，与实际也有较大误差，而且适用范围十分有限，只能在同一类课程或专业内进行比较排序。因此，大多数高校倾向于教学工作量与科研工作量分别核算。

1. 教学工作量的核算

教学工作量不应仅仅是教学授课工作量与班级系数简单的加乘计算，还应考虑到质的因素。同样讲授一门课程，有的教师讲课认真、备课充分，教学方法深受学生们欢迎，教学效果好，而有的教师则可能要差许多，如果按同样系数计算工作量，则教学好的教师就会心理失衡，应该将教师的教学效果计算到教师的工作量中。

2. 科研工作量的核算

科研对于教师来说，能够使自己与自己学科领域的新进展保持一致，从而进行高质量的教学，学术研究的过程和结果往往能改变教学的内容和方法，因此，大学教师必须从事一定的科学研究。但就工作量的核算来说，由于科研成果的学术性价值难以评估，从而给核算工作带来了很大的困难。很多高等院校，为了发表而进行的科研，也被称为"发现的学术"，它成了大学使命的主要部分，"发表或者出局"已成为教师职业生涯的基本模式。

因而，我们在核算科研工作量时，只能根据教师科研成果的类型以及级别进行核算。科研工作量主要包括发表论文、承担课题、出版学术专著。在实际工作中我们发现，绝大部分的教材都是东抄西凑，反映不出作者的学术思想和学术水平，它更侧重于衡量教师对专业知识的掌握程度，缺乏对专业领域新探索和新问题的探究，其学术价值不大，更应成为教师教学活动的一部分，建议应在教学工作量中予以核算。在科研工作量的核算上，我们要给予那些从事周期长的基础性研究的教师一些特殊政策，比如，如果经学术委员会认定，该教师的科研活动有较高的学术价值，可以在成果出来之前，按阶段认定该教师的科研工作量，并在研究成果出来后，根据实际情况核算其科研工作量。

（三）加强师资队伍建设，实施有效的激励机制

根据学校以及学科的发展需要，有针对性地对教师进行培养，同时建立有效的激励机制，调动教师在工作中的主动性与创造性，是对高校教师按照现代人力资源管理模式进行管理的重要特征。

1. 师资队伍建设的基本措施

在师资队伍建设中，应在建设规划、人才引进和教师培养等方面制定行之有效的措施，特别要注意以下几点。

第一，教师队伍建设要着眼全局，要有前瞻性。教师队伍的培养首先应有全校性的指导性培养方案。全校的培养方案应是学校管理者根据学校师资队伍的现状，包括教师队伍的年龄结构、学历结构、学缘结构以及学科间的数量结构，制订出本校的教师队伍建设规划。各学院应根据本部门的师资队伍状况、教师个人的发展潜力和发展需求情况以及学科的发展需求制订详细的师资队伍培养规划。学院的培养规划要从学科建设的需要出发，要有前瞻性，同时还要充分考虑到教师个人发展的需要。对教师的培养既要加强对精英人才的培养，培养出学科的学术带头人；也要加强对中坚力量的培养，这是学校教学的主干力量；更要加强对青年教师的培养，建立起一支老中青结合、结构合理的教师梯队。

第二，要做好人才引进工作。在高校的师资队伍建设中，人才引进对充实教师队伍、完善知识结构，活跃科研氛围起着重要作用，而且，人才引进政策起效快，对学科建设的作用明显，往往成为管理者首选的建设措施。但我们应注意到，人才引进政策虽然容易出成绩，但副作用同样明显：由于给予引进的人才极高的待遇，使本校的优秀人才产生落差，挫伤了他们的工作积极性，最终造成人才流失；各高校纷纷用高薪吸引人才，虽然在客观上促进了人员流动，却增加了高校的办学成本；容易引进的人才稳定性差，特别是频

繁在高校间流动的人才，"人往高处走"，往往不能给学校的学科建设起到应有作用。鉴于此，我们在制定引进人才政策的时候，要根据公平理论，对给予引进人才的待遇进行恰当的设计。引进的人才必须对学科建设起到积极而有效的推动作用，要人有所值，而且同时还要给予本校内同等层次人才相同的待遇，以免打击其积极性，造成优秀人才外流。

2. 建立科学的激励机制

根据强化理论，人的行为是否重复发生，与该行为发生后给予的强化有关。如果行为发生后产生了令人满意的效果，则这一行为最有可能重复发生；反之行为发生后产生了令人不满的结果，那么这一行为将不太可能重复发生。根据双因素理论，保健因素不加以改善，员工一定会产生不满，但改善后也仅仅是消除了不满，无法使员工产生满意感；而激励因素不加以改善不会使员工产生不满，但改善后一定会使员工产生满意感。人力资源管理学提出，从"以物为本"向"以人为本"的价值观转向，使有效激励成为管理工作的核心。高校教师作为一个特殊群体是高校办学的主体，是实现办学目标的主导力量，这就向高校管理者提出了更高的要求。如何充分调动高校现有教师的内在动力因素，把教师为实现目标的主导力量落实在工作的各个环节上，提高教师的教学水平、科研水平、创新能力以及为人师表的自觉性，是高校教师管理中的主要内容。科学的激励机制应根据受众的不同特点采取不同的措施。根据大学教师人群的特征，高校教师的激励措施应遵循以下原则。

第一，激励措施应将物质鼓励和精神鼓励结合起来。高校教师群体在个人的需求上对高层次的需求明显高于其他人群，注重精神激励会起到良好的效果。

第二，激励过程要注重公平性原则。当个人认为自己受到了不公平的对待，就会产生不满和消极行为，每个人都是用主观的判断来看待自己是否受到了公平的对待，在某种程度上，对奖励的相对值比绝对值更加重视。

第三，激励要注重时效性。奖励的时效对奖励的激励效果有很大的影响，它包括两方面的含义。一是奖励时机的选择。应在令人满意的行为发生后立即予以奖励，亦即正强化，这样强化的效果才能好。二是奖励频率的选择。奖励不能太频繁，太频繁则使其形成习惯，起不到激励的作用；而频率太低则会降低教师的期望值，打消教师的积极性。一般来说，长期性的、完成较困难的任务以及在工作满意度高的工作岗位，激励频率应小一些，但要让他们感到劳有所值；而经常性的、容易完成的工作和工作比较艰苦的工作岗位应经常进行激励。

第四，激励要适度。中庸是要我们做事时把握好度，而不是简单的折中。激励的大小要与学校的承受能力、劳动的价值相适应才能服众，才能起到良好的激励效果。激励太多，容易产生不劳而获的心理预期，产生不了工作的动力；激励太少，劳而无获，同样也产生不了积极性。

3. 有效的激励模式

应从以下几种途径对教师进行激励。

第一，在薪酬制度设计上，要突出工作量对薪金总额的影响。过于平均的薪酬制度设计容易使教师在达到一定目标后产生惰性，如果在现有职级的基础上进行分化，同时拉开各级别间的薪金额度，可以使教师即使达到了某一级别仍有向上努力的空间。特别是教授岗位，因往上职称已经到顶，可以在那些距离带头人层次尚远的教师群体中设置教授的级别，达到了一定的教学工作量、教学效果以及科研工作量等，就可以拿到比未达到的教师高得多的薪金，这样设置的标准就成为一种导向。

第二，树立目标，激发教师的心理预期。这也是我们经常说的目标激励法。有关目标设定的研究表明，设定恰当的和富有挑战性的目标能够产生强烈的激励作用。目标太低，激发不了积极性；目标太高，由于实现无望也同样产生不了积极性。目标的设定应遵循以下原则，一是目标要有挑战性，要具有一定的难度。二是目标要有可实现性，是指目标是教师经过自身的努力可以达到的。三是目标要具有量化指标，设定的目标不能是一个模糊的概念，要有数量和质量的指标进行表示，以便于考核。四是目标应由教师参与制定，所有教师，至少是绝大多数教师都可以广泛参与。五是目标的制定要与学校的发展目标相一致。学校要加强学科建设，提高教学质量，提升科研水平，改善教师结构，那么在教师的考核、酬金发放、职称评聘以及对教师的培养等方面都要恰当地提出对个人科研水平、教学质量以及知识结构、个人能力等方面的目标，这同时也是一种导向作用，使个人目标得以实现，间接达到学校目标的实现。

第三，言必信，行必果。要注重对激励措施的兑现，不能只说不做，这包括两方面的含义：一是在制定激励措施时，要充分考虑到学校自身的承受能力，不能做出超过学校支付能力的承诺；二是做出的承诺就要兑现，即使当初的承诺已对学校的发展失去了意义，但在学校没有明确停止激励前，仍需兑现，这样会使教师免除付出劳动却无法获得回报的后顾之忧。

第四，教师参与决策是对教师的最大激励。教师参与决策是治理理论在高校管理中的一种实际体现，也是发扬民主、满足教师受尊重和信任的需要，同时能增进决策者和教师间的了解，还能增加教师的满足感和归属感。教师参与学校政策的制定是学校合理、正确决策的必要条件，而合理、正确的决策本身就是对教师最好的激励措施。教师参与决策，从实际行动上证明了教师是学校的主人，而不是旁观者。教师参与决策的方式有很多种，如教师代表大会、日常政策制定时的征求意见、经常性的沟通以及成立各种由教师为主导的委员会负责专项事务的管理。教师参与决策，可以充分利用高校教师群体的高智力资源，有利于决策的科学性和合理性，还可以体现教师在学校的主人翁地位，使教师感到自身的利益和学校的利益息息相关，更有利于调动教师的积极性，使教师资源得到更充分的利用。

第三节　高校学生管理

一、高校学生管理工作概述

高校学生管理工作既是职业的一种类别，也是高校教育中的一项基本任务。

（一）高校的主要任务是培养高素质、高技能的人才

以满足社会发展对人才的需求，为国家的发展建设培养接班人。高校对人才的培养不仅是专业知识和技能的传授，还包括对学生的适应能力、人格形成、道德建设等多方面素质的培养。高校学生管理不仅为高校教学服务，更对学生形成正确道德观、价值观、人生观具有重要的作用。高校学生管理工作经历了长时间的探索和发展，在管理体系、管理理念、管理方式和人员配备方面日趋成熟。

（二）高校学生管理是一门具有很强实践性的学科

它将教育学、管理学等多种学科加以融合，具有综合性特点。随着教育改革的持续进行，高校学生管理工作不断探索、不断发展，已从重单方面的强制性的说教、灌输模式逐渐向以人为本、服务化和制度化的方向转变。高校学生管理工作涵盖范围广泛，以引导学生思想的正向发展、为学生生活需要服务等多方面为工作内容。

（三）高校学生管理走科学化的发展路线

国内的高校长期以来并没有将学生管理工作作为一个单独的学科，高校的行政化管理机制使工作在一线的学生管理从业人员仅作为管理工作的执行者，管理实权和自由决策力

的缺乏，使其并不属于真正意义上的学生管理。这一点，国内与西方高校学生管理方面有很大的差异，在本质和境界上都存在较大的分歧。要从根本上提高我国高校学生管理工作，就应该走科学化的发展路线，既要有明确的管理目标、完善的管理体系、正确的管理理念，还要有高素质的管理人员职业发展与培训规划、方法，建立职业化、专业化、高素质化的高校管理工作人员队伍，这对于高校人才的培养具有重要的意义。

二、高校学生管理走专业化发展道路的必要性

高校教育是国家人才培养的重要行业，为社会各行各业的发展培养专门的人才，是国家发展的主要推动者。任何一个行业的发展，都是从不成熟到成熟再到专业化的过程，每一种行业分工最终的发展趋势都是具体化、专业化。

（一）职业发展的专业化

无论对于从业者本身的发展还是整个行业的发展都具有非常重要的意义。学生管理的专业化是将学生管理工作作为一个专门的学科类别，同会计、法律、金融等专业一样，具有更强的专业性。从业人员也同其他从事专门性职业的群体一样，具有更专业的知识素养，为社会培养本行业的专门人才。现今我国高校学生管理工作对管理和被管理两方来说，是服务与被服务的关系，强调的是双方间的互动性。学生是服务的主体，占据着主动的地位。

（二）培养实践性和业务性强的职业素养

传统的观念认为，高校学生管理工作者不需要像高校中的专业教师那样具有高学历、高知识储备，无论谁来干都可以胜任此项工作。其实本质上，高校学生管理工作是集教育学、管理学于一体的综合性学科，其专业性强，专业要求高，从事学生管理工作的人员在专业素质方面的要求更高，而且要具备丰富的实践经验。具体来讲，学生管理工作人员不仅具有教育学、管理学等学科理论知识的储备，还要具有能够亲力亲为指导学生的社会实践工作、学生的日常工作、学生学习生涯的规划、各种专业特色研讨会的开展、学生活动的组织等实践性强和业务性强的职业素养。

（三）为高校教育事业服务

在国外，学生管理工作从业人员都受过高校管理工作的专业教育，国家也会专门针对

学生管理工作开展专门的业务培训。在我国国内的学生管理工作从业人员素质良莠不齐，理论知识储备欠缺，专业化程度低，而且执行行政式指令的工作模式，工作缺乏针对性，学生管理工作缺乏完善的管理体系和有效的管理制度，人员流动性大，学生管理工作很不理想。因此，学生管理只有走专业化的发展道路，才能从根本上提高学生管理工作的质量，为高等教育事业服务。

三、高校学生管理工作专业化理念的建立

随着高校教育改革的深化，高校内部管理进行着根本上的更新和变革，学生管理工作已经呈现出专业化的发展趋势。职业经过分化和发展，必然形成专业，从而形成强调专业知识和技能的职业。

（一）职业分类的角度

专业是指群体经过专门的教育学习和训练，具有高深的、独特的专门知识和技术，按照一定标准进行职业活动，从而解决人生和社会问题，促进社会进步并获得相应报酬待遇和社会地位的专门职业，可以说，现如今高校学生管理工作已符合职业专业化的标准。

（二）社会的角度

现在学校管理学知识体系日益完善，在国内的高等院校的教育学院都有教授教育管理学的内容，在一些高校管理中已经有自己特定的管理方式和技术形成。另外，在高校内部对学生管理工作从业人员的知识技能已经有了一定的要求和标准，高校越来越重视学生管理工作从业人员的业务培训。而且，从社会角度来看，高校管理职业在社会中已经是一个职业阶层存在。

（三）专业发展的维度

作为高校教育管理专业人员，获得系统而明确的专业理论知识是专业发展的又一重要维度。高校管理的教育性、综合性与复杂性要求高校学生管理工作者更应具有符合教育者、领导者和管理者角色要求的知识结构。专业伦理是高校学生管理工作专业最根本、最直接的体现，它包括从业者的职业道德、行为规范以及高校学生管理工作者的专业态度和动机，而专业态度和动机又是专业特征形成和发展的动力和基础。自我专业发展意识是保证高校学生管理工作者不断自觉地促进自我专业发展的内在主观动力。

四、高校学生管理工作专业化的制度保障

高校学生管理工作受多方面因素的影响和制约，学生管理工作制度不仅是高校学生管理工作中最重要的影响因素，而且是学生管理工作开展的基础，为学生管理工作的贯彻落实提供制度支撑和保障。对于高校的发展而言，不但要加强硬件方面的建设，努力提升学生管理工作的实用价值和实际效果，而且在软件方面要建立健全学生管理工作制度，为学生管理工作的开展提供有力的制度保障。

（一）以制度形式明确学生工作管理的地位

高校出台的一系列的制度、规则或者年度工作规划要明确学生管理工作的地位，不仅为学生管理工作提供制度保证，还要有一定额度的配套服务经费的划拨，在经济上给予支持，从制度和财力、物力等方面共同为学生管理工作的有效、健康发展提供支持和保障。随着教育形势的发展，高校学生管理工作应该与时俱进，根据形势的变化及时做出调整，使其与社会和教育的发展相适应。因此，明确学生管理工作在学校总体工作中的地位，遵循学生管理工作的服务宗旨，建立健全相关人员准入、考核、评比机制对提高学生管理工作显得十分重要。

（二）以制度形式确保学生管理工作岗位的职业化

高校学生管理工作岗位具体包括：为学生提供法律法规教育，进行学生社会实践管理等。这些工作细化到学生管理工作的各个部门，对于部门岗位，应该建立明确的制度和规则，为管理工作的执行提供保障，确保岗位工作人员具有过硬的专业知识和专业技能。

（三）采用艺术性学生管理模式、制度激励创新

高校学生管理工作的主要对象为大学生，大学生是青年群体中的典型，具有自身的特殊性。在大学生群体中工作，为他们提供服务，对各种事件处理得好坏直接对大学生人格的形成和社会认知以及人际关系的培养有着重要影响。因此，艺术化学生管理培养模式，使学生在接受学校管理工作过程中，不流于表面，而是发自内心地认可。让教育管理深入打动学生的内心，使学生在社会交往的层面得到正确的认知，这是学生管理工作的意义所在。

以制度化的形式采取适度的激励，使学生管理工作人员优秀的工作表现和成果受到认可和鼓励，会激发工作人员的工作积极性，对工作更有兴趣，勇于创新，从而在整体上提

高学生管理工作的质量。

　　综上所述，高校学生管理工作的职业化强调高校学生管理工作是一个独立的社会职业，而高校学生管理工作的专业化则要求提高高校学生管理工作从业人员的专业水平。通过高校学生管理工作专业化，进一步发展高校学生管理工作的专业精神、专业知识、专业能力和专业伦理，提高高校学生管理工作者的专业水平。

第五章 高校教育课程考试管理创新

第一节 高校课程考试管理概述

一、考试管理的含义

考试的概念有广义和狭义之分，本章中的"考试"是狭义的考试，即由主试者根据一定的社会要求，在一定的场所，采取一定的方式方法，选择适当的内容，对应试者的德、学、才、识、体诸方面或某方面所进行的有组织、有目的的测度或甄别活动。因性质、目的、内容、方法、手段的不同，考试可分为众多类型，如根据目的的不同，考试可以分为配置性考试、形成性考试、总结性考试和选拔性考试，课程考试就包含了其中的形成性考试和总结性考试。形成性考试是在教学过程中进行的各种测试，主要目的是了解教学效果，及时发现教学过程中存在的问题，以便改进，并为平时成绩的评定提供依据。总结性考试是在课程结束后进行的，主要目的是督促学生全面系统地复习，并对学生的学习效果和教师的教学效果做出评价。

高校课程考试是指高校内部根据课程教学目标的要求和高校教育目标的具体规定，自行主持实施的考试活动，包括平时测评和学期考试。其基本任务是检测学生的学习成绩，督促学生学习，发现教学中存在的问题。其目的在于掌握高校的教学情况，改进教学和督促高校教育目标的实现。其功能可归结为下述五种，第一，检查测评功能，即检查和评定学生对课程大纲所规定的基本知识、基本原理的掌握程度。考评和检测学生运用所学的基础理论在实践过程中分析问题、解决问题的能力、创造力和潜力。第二，导向功能，即发挥"指挥棒"作用。通过对考试内容、考试形式的合理安排，引导学生正确学习，使学生达到预定的培养目标；通过严密的考试规程，考试结果的客观评价和公正使用，能培养受教育者务实求真、遵规守纪、崇尚科学的习惯，增强行为主体的责任感、公德意识。第三，激励功能。考试作为一种检查学生学习效果的手段有着反馈作用，而反馈结果又对学生起着激励作用，考试结果可以反映学生的知识掌握程度和能力发展情况，以及所存在的问题。

此外，考试作为一种检查教学成果的手段，对教师有着激励作用。考试结果反映了学生的学习情况，而学习情况又反映了教师的教学投入、教学内容、教学方法和总体教学水平，教师可通过考试结果总结发现自身的薄弱环节。第四，鉴定功能。教育管理部门通过对考试结果的分析、认可，依据有关规定，对学生、教师和教学管理人员进行鉴别，以区别优劣，进行奖赏。第五，系统整合功能。由于学生平时学习时节奏较慢，各知识之间难以做到全面领会，而考试来临之际，学生已完整地学过一门课程理论，他们可以将所学的基本知识和基本技能进行系统、全面地归纳、整理，进一步将各部分所学的内容有机地联系起来，以达到融会贯通。学生的归纳综合能力、思维能力、创造能力和自悟能力在这一过程中可以得到全面系统的综合发展。考试功效的实现是需要一定条件的，离开了一定的条件，考试功效非但不能实现，甚至还会严重地扭曲。那么，这一定的条件是什么呢？它就是量尺标准、实施规范、结果真实和使用公正，其中任何一方面出现偏误，都将影响考试功效的正常发挥，而这些条件的创设，就必须依靠严密科学的考试管理。

二、考试管理的功能

考试管理是以考试活动为对象，以提高考试活动效率、实现考试活动预期目标为目的的专门性的管理活动。高校课程考试管理则是以高校课程考试为对象，以提高考试活动效率，检测教师课堂教学质量，发现教学中存在的问题，充分评估学生的学习效果和学习创造能力为目的的管理活动。严密科学的考试管理具有以下功能。

（一）维护考试的权威

现代社会中的各种考试都有其特定的目的，正因为如此，无论什么考试，其程序、内容、方法一旦确定，不管是对于考试的组织者还是对于考试的参加者，都必须受到考纪考规的约束，而通过考试所获得的结果，都有法定的或公认的功用和社会价值，这就是考试的权威。任何一种权威的建立和维护，都离不开一定的条件，那么，建立和维护考试权威的条件是什么？它就是考试的各种规章制度，它是对考试活动全过程的管理。考试管理是保证考试预期目标得以实现的条件，即对一切有可能影响、阻碍考试预期目标实现的行为予以劝告、制止直至强行控制的活动。科学而有效的考试管理可以保证考试活动在公平、公正的环境中进行，加上考试结果的采用同样公平、公正，就会获得学生对课程考试的认可，并积极地参与考试且自觉地维护考试的规章制度。

（二）实现考试的功效

任何社会活动功效的实现都离不开一定的条件，考试活动不但是一种社会活动，而且是一种特殊的社会活动，只有具备了一定的条件，考试功效才能实现，而这些条件的创设，是必须依靠严密科学的考试管理，把考试活动的全过程置于有效的控制之中。同时，这种控制必须是全方位的。所谓全方位，是指考试活动全过程的每一个方面和每一个环节都必须有严密的控制措施。从考试的各个环节来看，无论哪个环节出现问题，都会给考试的功能造成危害。考试成绩的失真，不能发挥其检查教学效果的作用，不能使学生比较真实地了解自身在科学文化知识，以及技能等方面的优势与劣势。施测前后出现的问题，如考场设置、考试质量分析等，有时看上去是小事，但如不及时纠正，任其发展，对勤奋学习者是压抑，对投机取巧者是一种放纵，从而不能实现考试功效。

（三）树立踏实进取的学风

所谓学风，即治学之风尚，立校之根本，它是靠广大师生员工在科学研究、思想教育、行政管理和后勤服务等工作中共同努力建立起来的一种治学态度。因此，学风问题是高校工作中的一项重要的基础建设，是学校教育中一个不可忽视的问题。首先，良好的考风和学风具有很强的感染作用。学风是一种精神力量，它可以被感知、效仿、传播和宣传，从而形成群体舆论，感染并熏陶每一位师生，而且对不适应者形成压力，使个体行为逐步适应群体行为。其次，良好的学风具有激励作用和良好的导向作用。多数学生的良好学风对少数学生的不良学风是一种示范和鞭策，促使具有不良学风的学生转向接受这种行为准则。同时，当坚持良好学风的个人受到学校的表彰时，学生会因之受到很大鼓舞，甚至将这种学风内在化，成为个人治学和成才的座右铭及行为准则。严密科学的考试管理可以帮助学生形成正确的是非观，是非观是人们思想道德和行为的基础。如果在考试管理中法纪严明，不仅可防止或减少违法、违纪现象的发生，还会引导学生对考纪考规的重要性、严肃性形成正确、明晰的认识，强化执法、守法观念，逐步养成遵纪守法的习惯，增强法律意识，有利于形成踏实进取的学风。可见，严格考试管理是促进学风建设的一个重要环节。

第二节　高校课程考试管理的问题及原因

一、当前高校课程考试管理中存在的问题

（一）对高校课程考试目的、功能认识得不全面及考试管理过程失衡

课程考试是高校教学中的一个重要环节，它作为教育评价的一个重要工具，在教学过程中具有检查评价、教育激励、反馈调控等功能，其作用是不可忽视的。课程考试的基本功能是教育评价，其初衷是作为判断能力的评价标准。然而，从深层意义来看，当今高校课程考试功能已远远超出单一的评价功能，它通过限制教学内容、限定学习方法，既决定了受教育者的思维方式，又决定了他们理解外界的认知方式。也就是说，考试已经通过固有的考试形式、考试的评分标准而限定了受教育者的知识结构和思维方式，从而固化了受教育者的知识类型。高校的学生考虑最多的不是如何有效地掌握知识，而是如何有效地通过考试。用考试成绩评价学生，过分地扩大了课程考试的评价功能，严重地淡化了其督促和引导功能。考试管理是过程管理，包括命题、审题、施测、评价、反馈等各个环节，任何一个环节的不重视都将影响考试功效的正常发挥。有的学校把考试管理的重点放在考场的管理和考试成绩的管理上，而对教师的命题、阅卷和考试结果的分析处理则缺乏要求或要求放松。例如，考试结束后，很多学生认为这门课程学习也随着考试的通过而结束了，对学生的学习起不到一定的促进作用，特别是期末考试，面临寒暑假，多数教师只是把分数整理出来，有的教师即使做了试卷分析，也只是统计及格率、排分数段。

（二）考试设计环节不科学

考试设计是考试工作的首要环节，考试设计包括制订考试计划、规定考试目标、确定考试内容和考试标准、选择考试方法、考试题型和考试命题等方面的工作。高校课程考试设计环节中存在的主要问题表现在以下几个方面。

1. 考试内容片面

考试的内容十分重要，因为它直接影响到学生的学习方法和学习态度。如果考试内容着重于零星事实和条文公式的复述，就一定会养成学生死记硬背忽视理解的教条主义的学

习习惯；如果教师出题目专从教材中不重要或生僻的部分着眼，就自然容易养成学生碰机会、靠运气、猜题目等种种消极的学习态度。高校课程考试大多偏重对知识记忆的考查，局限于教材、课堂笔记、教师划定的范围和指定的重点，缺乏对学生创新能力和综合能力的评价，形成"上课记笔记，考试背笔记，考后全忘记，学完全忘记"的教育模式。

2. 考试形式单一

考试形式是一种在直接意义上指向课程目标并间接指向人才培养目标的教学活动方式之一，是教育教学目标、课程与考试之间的"应然"关系。科学合理的考试形式有利于教育目的的实现和学生综合素质的发展；单一或不恰当的考试形式妨碍学校教育事业的发展和学生创新精神与实践能力的培养，这就要求我们在特定教育教学目标和具体课程目标的视野下，理解、思考与设计考试方式。考试的形式要因课程性质而异，多种考核结合，尽量避免采用单一的期末考试的考核方式。实验性较强的课程应采用理论与实验相结合的方式，计算机类的课程可增加网络在线考试，艺术类的课程可以实践为主。将平时的口试、测验、作业以及期末的论文或笔试等成绩综合起来，这对于投机学习者来说是一种牵制。当前，高校的考试形式仍以闭卷笔试为主，而且往往只有期末考试一种形式；考试内容大多局限于考核学生对知识的掌握程度，而缺乏对技能、素质的考核手段，不能完全反映学生分析问题和解决问题的能力。缺少平时的过程考核，一是会使教学过程疏于控制，部分基础较好的学生觉得只要通过了最后的考试就行，对课堂学习不重视，结果导致恶性循环，既不利于学生掌握知识，也不利于教学秩序的维持；二是给一些基础较差的学生带来较大的考试压力，期末考试成绩差强人意，不少需要补考或重修，这也是不少学生铤而走险作弊的原因之一。

3. 考试命题模式不合理

从平时课堂教学到课后辅导，从考前复习到命题制卷，再到监考、阅卷等各个环节都由一人负责，教什么和考什么主要由教师决定，同时许多教师缺乏测量方面的理论素养，任课教师在命题时并未严格按照教学大纲来确定考试目标，而仅是依靠自己的理解来命题，随意性较大。

（三）考试质量分析流于形式，忽视反馈

考试质量分析与评价既是现代考试流程中的基本步骤，又是促使考试走向科学化的必要措施。在现代考试管理中，加强考试质量的科学分析，对于提高考试管理工作的水平和质量具有十分重要的意义。考试质量分析通常分为两个部分：试卷质量分析和学生成绩分

析。试卷质量分析是学生成绩分析的基础，只有试卷的各项指标基本符合教学大纲的要求，学生成绩分析的结果才能准确、有效地反映学生掌握知识的程度和实践能力的水平，才能准确地反映教师教学的效果和存在的问题。多数高校均开展了试卷分析工作，但因各种原因，多数流于形式。学校大规模的课程考试结束后，多数教师阅完试卷把成绩送交给教务部门就标志着期末考试活动的终结。有的教师即使做了试卷分析，也只是简单地进行了及格率、优秀率、各分数段人数分布的统计，真正组织教研室教师坐下来，认真、科学地分析试卷，分析考试的难度、信度、效度和区分度的比较少，因而，考试对教学的诊断和反馈功能难以发挥。一个有效的行为必须通过某种反馈过程来取得信息，从而了解目的是否已经达到。考试是一个阶段教与学的结束，同时又是另一个阶段同一工作的开始，如何避免在下一阶段同一工作中出现上一阶段相同或类似的问题，这就需要信息的反馈。考试的信息反馈对于学生来说可以拾遗补缺，端正学习态度；对于教师来说，可帮助其制订并完善新的教学计划，选择更有效的教学方法等。

即便是上述十分简单的试卷分析信息，除用于教师课程教学质量的分析与总结外，最多反馈到课程组一级，试卷分析表便作为教学档案存入所在院系束之高阁，没有对试卷分析表进行中观层面的汇总、分析和反馈，使得很多对教学管理和质量考核有价值的信息得不到充分利用，也难以通过试卷分析达到教学质量监控与激励的作用。

二、高校考试管理问题的原因分析

高校课程考试管理存在问题的原因是多方面的，既有体制与观念的，也有具体操作层面的。

（一）对高校课程考试在人才培养中的重要性认识不足

考试对学生来说，鼓舞学习，督促复习；对教师来说，检查教学，了解效果，改进教学，总结经验；对学校及上级教育机关来说，了解教师教学情况、教学工作问题，改进领导；对国家来说，是选拔人才，择优的手段。然而就目前的情况看，高校中的考试只是教师教学任务完成的标志，是学生课程学习结束获得分数的手段和学校各方面领导与工作人员忙碌的时间段，此外，在大多数高校中，似乎没人想到考试还有什么意义与作用。长期以来，教师为考试而教，学生为考试而学的观念使考试成为一种获得某种利益的工具，而不是了解教学效果和教学质量整体水平的手段、途径与方法。考试观念不转变就难以做到对教学工作中存在的问题心中有数，学校教学质量的提高进程也就缓慢，不利于学生素质的提高，而且，课程考试认识的局限性对于考试内容、考试形式的选择也有较大的影响。

（二）教考合一的弊端

所谓教考合一，是指课程教学和考核评估由任课教师一人承担。在某些特定的情况下，如教师学术水平高、教学能力强、事业心与责任感强等，教考合一能充分发挥教师的特长，展现教学内容和方法的多样性，体现知识和思维方式的互补性，激发师生的创造性。但就目前多数高校的现状而言，教考合一弊大于利。

1. 不利于强化教学大纲的核心地位

课程教学大纲是组织课程实施的唯一依据，教学大纲执行得好坏直接影响着教学质量。在教考合一的制度下，教师的授课行为很少受教学大纲约束，往往是教师教什么考试就考什么；感兴趣的地方可以多讲，不感兴趣的地方可以少讲或不讲；不追求时间效率不管教学任务，讲多少是多少；命题时往往随兴而发，全然不依靠教学大纲和命题原则，题量、题型、知识的覆盖面以及试题的难度、效度、区分度随意性很大，致使命题的结构不科学、不合理，考试的信度很差，以致教学大纲难以贯彻，教学质量难以保证。

2. 不利于建立合理的约束机制

在教考合一的情况下，考试成绩的优劣难以反映教学的质量，约束教师工作行为的条件是教师本人的自觉性，监督机制显得软弱无力。这很容易使教师增长惰性，从而降低对自身的严格要求，使得上课时重数量不重质量，讲课时重兴趣不重大纲，命题时重分数不重能力。教师在考前划范围，暗示或明示重点，并在自己命题、评卷的过程中进行掩盖，严重影响着教学质量。

3. 不利于调动学生的学习积极性

在"教考合一"的情况下，常常出现大部分学生平时听课不用功，抄袭作业，考前集体要求教师复习、划定范围或降低考题难度的现象。由于考分对学生升级、评优、入党直接相关，一些平时努力程度不够的学生，就会为了好的分数和成绩转而求助于任课教师，从而导致考试成绩失去了应有的客观性、严肃性，滋长了学生懒惰性。

4. 不利于建立诚信、公平原则

高校是学生获取知识、发展能力的场所，也是培养学生树立正确的人生观、价值观的圣地。学生价值观念的形成，不仅来源于课堂中的所教所学，更重要的是来源于身边的人和事的影响。

（三）对命题缺乏科学、规范的管理

命题管理的本质，就是根据既定的考试标准，按照一定的程序和规范对命题进行有效控制，从而促使命题活动朝着预定的命题目标进行的一个过程。命题管理的主要任务是对考试标准的掌握、实施以及考后的评估、反馈及修正。命题管理具有承上启下的作用，是整个考试管理的核心内容之一，也是考试功能有效发挥的必备前提。正确认识命题管理的地位和作用，是命题管理有效实现的先决条件，是实现命题管理规范化、科学化、现代化的必备前提。我国高校在课程考试命题管理方面认识不足，具体表现为部分高校重点制定了课程考试命题的管理办法，但未能认真贯彻实施，形同虚设；部分高校至今对此无统一、规范的要求；近七八年新办的大批民办高校和公办高校的独立学院，课程考试的命题管理甚至未提上议事日程。在考试题型方面，大多数课程的考试多为填空、简答、名词解释、选择题等可以简单作答的题。在考试内容上，大多数课程的考试拘泥于教材，偏重于知识的考查，忽视能力及创造性的考核，理论题多，实操题少；记忆性题多，灵活性题少。

（四）忽视阅卷管理

阅卷是考试工作的一个重要环节。阅卷工作质量如何会直接影响考试的信度、声誉，所以，阅卷的组织管理工作是十分重要的。当前高校普遍存在着对阅卷管理环节不够重视的现象，部分课程考试结束后，试卷往往由任课教师拿到家中评阅，集中阅卷也多半流于形式，学校缺少必要的监督与管理，"人情分"现象严重助长了一些学生的不良风气，影响了教学质量与学风。

（五）没有科学健全的评价与反馈体系

要发挥课程促进教与学的功能，高校必须建立并保持对课程考试进行评价与信息反馈的考试体系与机制。我国高校多数尚未形成这种体系与机制，少数高校虽已建立了这种体系，也很少认真地付诸实施。"学生评教"是我国高校目前广泛实施的方法之一，这种方法本身并不缺乏积极意义，但在实际评价过程中，多数学生是以教师所授课程考试的难易程度作为主要的评价标准，而学校又将这种评价视为教师教学好坏的主要依据（有些高校甚至将其作为教师去留的唯一标准），于是，教师为了获得学生好的高的评价，在课程考试时便出现了前面已列举的种种情况。最后，学校对课程考试中从命题、实施到评卷缺乏

科学有效的监督，也是没有科学健全的评价与反馈机制体系的表现。

（六）缺乏科学的考试理论，尤其是课程考试理论的指导

考试和考试管理只有在专门的理论指导下，才可能充分发挥功能。我国高校目前的情况是，绝大多数考试管理人员和教师缺乏这方面的理论修养和训练，绝大多数高校也对这方面的研究不够重视，因此，课程考试及其管理多停滞在经验阶段，即凭经验办考试，凭经验管考试。

第三节　高校课程考试遵循的原则及条件

一、高校课程考试应遵循的基本原则

课程考试是教学过程中十分重要的环节，它不仅要完成对学生在经历一个教学过程后学习情况的评价任务，而且还要检查教师的教学效果与水平，诊断教学中存在的问题，反馈教与学过程中的各种信息，进而发挥促进教学改革的作用，它所特有的检查测评、导向、激励、鉴定和系统整合五大功能是其他教学环节所不能替代的。高校课程考试必须适应社会发展的需要，必须适应被考者的身心发展水平，必须有利于促进和客观评价学生综合运用所学知识解决实际问题的能力，必须有利于提高教师教学水平，以保证不断提高人才培养的质量。考试原则是从事考试活动、处理各种考试问题、规范考试行为所必须遵循的基本原则。美国高等教育学会对高校考试设定了九条原则：①考试应以教育价值为出发点；②考试的成效体现在如何尽可能地把学习的多维性、综合性和实用性反映出来；③考试要关注结果，但同时也要关注产生结果的过程；④考试只有在其力求改进的项目上有清晰、明确的目的，才能更最好地发挥作用；⑤考试只有在持续而一贯的体系下才能更好地发挥作用；⑥考试只有在来自教育界人士广泛参与的情况下才能获得更广泛实质的改进效果；⑦考试只有以人们真正关心的问题或需要为出发点并阐明问题才有作用；⑧当考试成为促进教育改革大环境下的组成要件时，它可能引发教育变革；⑨通过考试，教育者向学生和公众尽责。这"九条原则"的基本精神对于我国高校的课程考试也是适用的。

课程考试管理是一项基本的教学管理，是保证考试的公正性与客观性，正确发挥考试功效，促进教学工作的关键环节之一。考试管理质量直接关系教风、学风的建设和教学质

量的提高，是衡量学校办学水平、管理水平的重要标志。加强高校课程考试管理应遵循以下原则。

（一）方向性原则

考试管理是管理者根据既定考试目标要求，运用适当的程序、方法、手段及行为规范，合理调配人力、财力、物力、信息等资源，对考试活动实行有效控制，以实现共同目标的一种社会活动过程。考试管理既因一定管理目标的需求而启动，又以实现预定目标为归宿，其管理过程的产生与形成均以一定的管理目标为先决条件，而目标本身又要体现出一定的方向；目标的正确与否要以所引导的方向是否正确作为衡量的标准。因此，科学的考试管理必须坚持方向性原则。

（二）科学性原则

科学性原则是指运用现代管理理论、教育测量与评价理论、教育管理理论等作为充分的科学依据，使考试管理活动具有可靠性、可信度，并采用科学的考试管理方法、成熟的管理经验，使考试管理活动行之有效，以利于实现预期的管理目标。

（三）公正原则

考试管理公正与否，关系到考试的权威性，反映的是校风考风的建设程度，而且，考试直接关系到被试者的切身利益，影响着个体对社会的态度。因此，我们要积极地创造条件使考试尽量接近公正。

（四）系统原则

系统是指由相互联系、相互作用的若干组成部分构成的有机整体，这个整体具有其各个组成部分所没有的新的性质和功能，并和一定的环境发生交互作用。考试管理是一项系统工程，它包括教学管理工作、后勤保障工作等方面，涉及教学系部、学生处、党团组织、总务、保卫等部门，教学管理部门要妥善安排，使考试工作井然有序地进行。

二、高校课程考试管理运行条件的探讨

考试管理，其目的在于维护考试的标准规范，维持考试实际运作与计划方案相一致，使考试沿着预先设定的轨道运行，同时对不切实际的计划予以及时调整，纠正运行过程中

出现的偏差，矫正反馈信息中不确切的数据或结论，保证考试结果的真实性，并从中分析成功与失败的原因，探明修正的途径，通过反馈给新的考试运行提供理论及实践的依据。将考试目的从观念形态转化为现实形态，高校课程考试管理的正常运转应具备以下条件。

（一）健全的考试组织机构

若无健全的考试组织机构，自然也就谈不上深入开展考试实践中相关问题的研究，要不断更新、完善考试的理论，用以指导新的考试实践，进而强化考试并主动适应社会发展需求的能力，使之正确发挥功能。考试组织是考试队伍的依附体，考试组织不健全，就不可能形成稳定的专业考试队伍，整个考试的设计、实施与管理必然是临时拼凑，量尺标准、实施规范、结果真实的施考目标就难以企及。

（二）素质优良的考试管理队伍

一切先进的控制技术设备、各类考试行为规范、各项工作标准都有赖于高素质的控制者通过对人的有效控制充分发挥作用，进而给考试运行以积极的影响。培养和造就一支高素质的考试管理队伍是保证考试质量，提高考试效率和效益的需要。参考考试管理系统的运行环节，考试管理队伍可以划分为考试行政队伍、考试业务队伍、考试科研队伍三类。

考试行政队伍是考试队伍中常规性的人员配置组合，它包括学校、职能部门及教学单位的领导者和一般行政工作人员。考试行政队伍的职责是负责考试管理机构各项职能活动的顺利进行和考试管理目的的有效实现。

如果说考试行政队伍的建设是源于加强考试活动外部组织管理的要求，那么，考试业务队伍的建设则是出于考试流程内部运行的要求。考试活动是一个动态的运行过程，其流程要经过命题、施测、评卷等依次相连的环节，各个环节都事关考试的质量。以命题队伍为例，倘若命题人员不能把人才评价标准准确体现于测试内容和目标中，作为充当测试工具的试卷就失去了效用，考试活动的效果、价值也就无从谈起。

考试科研队伍是伴随着现代考试改革和发展的深入而日益显示重要性的一支必不可少的考试队伍，其职责是结合高校教育教学实际，重点研究课程考试的理论与实践问题，从而为学校的考试活动提供理论指导。高校课程考试时间的非经常性决定了考试管理队伍的非专职性，也就是说，他们基本上都是兼职考管人员。应该特别指出的是，为了保证课程考试质量的不断提高，非专职性的考试管理队伍应该具有专业性的水平。

（三）健全的考试规范、严密的考试程序和科学的考试控制标准

它们是实行考试控制的依据和准则，是引导考试运行方向、防止考试运行偏离预定轨道的保障措施，同时，它也是维护考试权威性、公正性的必要条件。所谓考试规范，亦即考试运行的规程和参与考试活动各类人员的行为准则，它是控制考试运行的直接依据，一般包括考务规程、命题细则、监考守则、考场规则、评卷实施细则、考试信息管理规定、保密规定、违纪处罚规定等。严密的考试程序是指从考试命题、实施到评价分析反馈、考场编排、各类工作人员配置等各个环节都要严格要求，注重考试的整个过程。科学的考试控制标准包含时间标准，如命题制卷、考场设置、施测、阅卷评分、考试结果分析处理等的起止时限要求；数量标准，如考点设置、考场编排、试卷长度和满分值、试卷印制与分装、施测环节各类工作人员配备、阅卷人员及所需设备配置的数量规定等；质量标准，如考号及考场编排的科学性，考点、考场设置的规范性，各类人员配置的合理性，施测控制的严密性，试题编审和试卷印制的合格率，试卷分装的标准性，评分、计分、登分、核分的准确率或差错率以及考试成绩的可靠性、有效性和公正性等。

（四）良好的信息传输与反馈机制

倘若没有确切的信息反馈，科学的统计方法和先进的技术手段，就谈不上对考试流程进行富有实效的控制。从整个考试的过程来看，考试质量分析是信息反馈的主要途径，应该根据考试结果为学生提供反馈，以检查教学目标的实现情况，检查教学措施的实施效果，发现教与学两方面存在的问题，从而改进教学工作。研究表明，运用反馈以增加学生课堂反应数量和提高学生课堂反应质量的教学，对促进大学生批判能力的发展有一定作用。从教师自身而言，在试题反馈分析的过程中，能够及时收集来自学生的真实信息是一次向学生学习和自我学习的过程，通过试题反馈分析，教师不仅了解了学生的学习需求与希望，看到了命题中需要改进的问题，还能从这一教学情景中获得许多启示和感悟。通过与学生交流，促进教学反思，在反思中学习，在反思中丰富教学经验，从而提高教学能力。从教学管理的角度而言，组织试题反馈分析的过程就是检查、反思、总结、促进教学相长的过程，它为今后命题、考试、评价等诸方面教学管理工作积累了宝贵的经验，同时也为教学双方提供了一个平等、真诚的教学交流和情感互动的平台，对师生双方都起到了积极的促进作用。通过考试的质量分析，能够使考试决策层及时客观地了解考试的情况，从而对考试活动中出现的种种偏差进行分析，以探明考试造成偏差的原因，并进行调节和

控制。良好的信息传输与反馈是保证考试决策正确的重要依据，也是促使考试走向科学化的必要措施。

第四节　高校课程考试管理改革的对策

高校课程考试管理是一个由多因素组成的相互制约、相互促进的封闭的动态系统，因此，改革高校课程考试管理应该坚持系统论的观点和方法。

一、推进考试观念的深层次转变

思想观念是行动的先导，"欲革新，先革心"。转变高校领导、教师、管理人员乃至学生对于课程考试的观念，是推进高校课程考试改革的前提和基础。关于考试观念的转变，必须解决以下三个问题。首先，必须正确认识考试在人才培养中的作用与地位。关于考试在人才培养过程中的五种功能，是其他教学环节所不可替代的，这是因为它在人才培养过程中的作用与地位，也是一种客观存在。其次，到目前为止，高校从领导到教师再到一般教管人员虽然对此有所认识，但在实际工作中并未重视其作用的发挥，或基本没有研究过如何去发挥这种作用。这里要强调指出的是，高校领导、教师和教管人员不仅要在口头上，还要在思想上真正承认考试是一门科学，要真正弄清、弄懂这门科学，因为唯有了解和掌握考试的理论，运行规律、方法与技术，才有可能在课程考试中正确、有效地运用这门科学。最后，必须正确认识考试管理是一项关系考试成败、人才培养质量的系统工程。考试活动是一门科学。考试管理活动是考试活动的重要组成部分，因此，考试管理理所当然也是一门科学，考试管理不仅是一门科学，还是一项系统工程。对于高校领导、教师和教管人员来说，一要真正认识考试管理是一门科学，是一项关系考试成败、人才培养质量的系统工程；二要学习、掌握这门科学，了解、熟悉这一系统工程的特点、运行规律和控制理论与方法等，唯有如此，才能够确保课程考试组织实施的科学有效性。

二、建立考试中心，完善考试管理规章制度

考试管理要系统化、规范化，首先必须建立健全考试管理机构。考试是一项系统工程，为保证考试的顺利进行，提高考务人员的业务水平和考试管理质量，高校应该成立考试中心，统一管理高校课程考试。作为高校考试的综合管理机构，考试中心的职责与任务

包括以下几点。

（一）统一规划、组织和实施高校的课程考试

传统课程考试的模式是高校制定统一的要求，各教学单位自行命题、制卷、施测、评卷、登分，有的高校有总结评估的环节，有的高校没有。课程考试事关人才培养质量，又是一项科学性、技术性很强的系统工程，应该由学校即考试中心统一规划、组织和实施。

（二）建立、完善课程考试管理规章制度并坚持严格实施

课程考试的主要目的或功能是育人，是有利于人才的培养和成长，为了实现这种功能，达到这种目的，课程考试及管理就必须科学严密，故对其管理必须有一整套科学、合理、严密的规章制度，并在课程考试中坚持严格实施。

（三）针对学校课程考试的实际和需要，开展课程考试的评估与研究

对实施的课程考试组织分析、评估和根据需要开展针对性研究一直是高校重视不够的薄弱环节，而这又是一项提高课程考试质量，促进人才培养质量提高的重要工作，所以，这将是考试中心的一项十分重要的任务。

（四）承担考试管理方面的人员培训

课程考试的监考人员一般是临时的和兼职的，对其进行培训是必需的，要求他们以高度的责任心和严肃认真的态度对待每一场考试。

三、培养和建设高素质的考试管理队伍

精干的考试管理队伍，是有效发挥考试管理功能的根本条件之一。严明的法纪可以使考试管理从制度上得到保障，健全的机构可以从组织方面保证考试管理功能的正常发挥，但如果没有一支精干的考试管理队伍，无论多么严明的法纪、多么健全的机构，都很难产生实效。课程考试属校内考试，与社会考试相比，其规模较小，只是学校工作中的一项，而且时间上是间断的，然而，这一切并不意味着课程考试管理就不需要高素质的管理队伍，所以，高校应重视课程考试管理队伍的建设。考试管理队伍包括①科研队伍。考试实践证明，没有科学的考试理论做指导，就不会有成功的考试实践，尤其是现代的考试管理，更需要科学的管理理论、方法、技术和手段。只有在考试管理实践的过程中，有重

点、有针对性地开展考试及考试管理方面理论、技术、方法等的研究，才能使考试工作决策符合科学化的要求，从而发挥考试应有的功能，并促进学校发展。②行政队伍。考试行政队伍直接关系考试管理机构各项职能活动的顺利进行和考试管理目的的有效实现，对提高考试管理工作质量具有重要的意义。③业务队伍。考试业务队伍是根据考试流程的运转出现的，随着各自环节职能的实现，相应的业务队伍也就暂时失去存在的需要。它包括命题队伍、实测队伍、评卷队伍及评价、监督队伍。

兼职性、非常设性和专业性应该是高校课程考试管理队伍的基本特征，也应该是高校抓考试管理队伍建设过程中应遵循的基本原则。所谓兼职性和非常设性是指课程考试管理队伍的组成人员不可能是专职的（学校考试中心的人员例外，这一部分人员只占整个队伍的很小的比例），他们平时可能工作在校机关、教学单位或学校的其他单位，只是在学校组织课程考试时才成为考试管理人员。所谓专业性是指这支队伍的成员应该具有专业化的水平，即他们中的绝大多数人虽然不是以考试管理为职业，但他们都应该了解和熟悉自己在考试管理中所从事的工作所必须了解和熟悉的理论、技术等专门知识技能，并具有做好这项工作的较强的能力。没有职责就无所谓管理，高校对这支特殊队伍的管理也应同其他队伍的管理一样，分工明确，职责明确，考核明确，奖惩明确。

四、实施科学的教考分离

教考分离制度是一种现代教学管理手段。所谓"教考分离"是指将教学与考试分离进行，即将过去某一课程由任课教师自己命题、自己评分的做法改为从规范、标准的试题库中筛选、组合出符合要求的试卷，或由教学管理部门组织教学经验较为丰富的非任课教师依纲命题，并统一组织考试，统一评阅试卷。实行教考分离的目的是提高考试的质量和水平，为学生成绩的评定、教师的教学评价以及教学管理决策提供科学的依据，有利于促使教师授课全面系统地贯彻教学大纲的各项要求，促进学生端正学习态度和良好学风的建设，这样既能促进教师的教，又能促进学生的学，充分体现了教师的主导作用和学生的主体作用相结合的教学原则，充分调动了师生的积极性。

推行高校的教考分离需从以下四点入手。

（一）加强宣传，统一思想

教考分离势在必行，但大部分教师与教学管理人员对此认识还不足，甚至认为推行教考分离是对教师的不信任，表现出明显的抵触情绪，这在一定程度上增加了推行工作的难度。因此，推行教考分离的首要任务是加强对教考分离制度作用和意义的宣传，从学校上层、中层到教师，层层推进，调动各方面的积极因素，使认识统一到培养合格人才上来，以有利于逐步实施教考分离制度。

（二）科学合理地安排实行教考分离的课程

从教学总体效益上讲，并非每门课程实行教考分离都是有利的，如文科类的一些课程，本身要求学生涉猎广泛，如果把试题局限于课堂内的几本书，显然不利于培养学生的综合能力；又如理科的一些专业性很强、难度很大的后续课程，学校常常只有一两个教师熟悉课程内容，推行教考分离也不太切合实际。因此，学校应该在充分调查研究的基础上，科学合理地安排实施教考分离的课程。

（三）积极修订教学大纲，为课程实施教考分离建立前提条件

多年来，不少高校的课程大纲建设一直滞后，很多课程的大纲几十年不变，不能适应时代的变化，还有很多课程没有教学大纲，原因是在以前教考合一的制度下，课程缺少大纲的矛盾暴露得并不明显。教考分离制度将教与考分为两条线，没有课程大纲则无法组织有效的教学，更无法组织有效的考试。因此，高校应积极组织力量修订、制定课程大纲，为课程实施教考分离创造前提条件。

（四）建立高质量的题库，使教考分离更科学化

实行教考分离的重要途径是建立科学的题库，科学的题库可以提供各种规格、各种层次及科目的试题，采用试卷库的试卷可以克服由于教师命题随意性带来的信度差和效度差的弊病，试卷库的试卷是由水平较高的非授课教师参加阅卷，这在一定程度上预防和杜绝了授课教师在考试环节中参与作弊的现象。学校内部考试通过这方面的改进可提高校内考试的质量与权威性，但建设科学的题库、卷库并非一蹴而就，它既是一项阶段性的、多方人员合力攻坚的综合技术工程，又是一项长期的、由专业技术人员不断充实、革新、完善的系统工程。在高校中因学科、专业的多样性，试题要注意学科性、专业性以及适应学生能力、教学水平变化的需要。

五、考试方式多样化

学校应鼓励教师根据本门课程的性质选择灵活多样的考试方式，突出课程的考核重

点。根据我国的实际情况，高校基本的考试形式可采用以下七种。①闭卷考试。指考试中不允许携带和查看任何资料的一种用笔答卷的考试方式。②开卷考试。指考试中允许携带和查看资料的一种用笔答卷的考试方式。该方法根据允许携带和查看资料的限制情况，可分为全开卷考试和有限开卷考试或一页纸开卷考试。全开卷考试指考试中允许携带和查看任何资料；有限开卷考试或一页纸开卷考试是指考试中允许携带和查看规定资料或写有学生自己总结和归纳课程内容的一页纸。③口试。指应试者通过口头语言来回答问题的一种考核方法（含答辩考核），它是面试中常用的一种。④成果考试（如设计、论文、报告、成品等）。指应试者就某个具体问题或任务、项目通过查阅资料、计算、绘图和制作等环节，用规范的方式做出书面表达或形成实物作品的一种考核方法。⑤操作考试。指通过应试者现场操作或具体的工作实践，直接检测应试者所具备的从事某种工作的现有素质、技能与能力的一种方法，包括实务作业、样本操作和模拟操作等测试方式。⑥计算机及网上考试。指直接在计算机上答卷的一种考试方式。⑦观察考核。指通过对学生一定时期的观察，对其做出评价的一种考核方法。

每种考试方式各有特点，单凭一种考试方式不可能全面反映学生综合运用知识的能力，应采用其中几种方式相互组合以取长补短，这样既可以考查学生掌握知识的程度，又可以检验学生运用所学知识解决实际问题的能力，使考核结果更全面。还可以通过奖励措施鼓励并引导学生从多方面、多角度，用多种方法来解决同一问题，以培养和发展学生的创造思维能力。选择最佳的考试方式是提高考试效度的重要途径，适当灵活的考核方式能够进一步提高学生的学习主动性和自觉性，从而进一步巩固和深化所学课程的知识，举一反三、触类旁通，这样既能帮助学生克服死记硬背的学习习惯，又能锻炼他们各方面的学习能力，从而达到育人的目的，同时也在一定程度上减少了学生作弊的动机。改革考试形式并不是简单、孤立的问题，它需要各方面的配套改革措施，需要有规范的教学政策和条件来支持，尤其要求改革传统的教学管理体制。考试形式与教学思想、教学内容、教学方法、课程安排和师资队伍建设等都密切相关，所以，考试方式的改革不仅需要鼓励广大教师改革考试的内容，还需要各方面的配合与合作才可能取得成功。

六、实行全程管理

考试管理分为考前管理、考中管理和考后管理，如某一环节工作不到位，就会失去考试的真实性、客观性和公正性，达不到考试的真正目的和效果。因此，要达到考试的目的与效果，就要对考前的计算机抽题组卷、试卷打印、分装保管、保密等做到可靠，对考场考号编排做到合理，对监考人员业务培训做到熟练；考试结束后，要实行统一阅卷制，要建立试卷分析制度，要进行考试后的评估。要使用现代化的手段科学编排考场，对考场编排应按考场的大小确定考生人数，实行单人单桌，考生之间间隔两个以上座位，学生凭准考证或学生证进入考场，对考生实行保密号就座的方法，即每场考试前由计算机对考生随机编号，考前15分钟由班主任宣读每个考生的保密号，考生按保密号进入相应的考场，并对号入座参加考试，考试时把保密号填写在试卷的指定位置。考试成绩评定后，可将保密号及分数输入计算机，系统就会自动对号还原成学生成绩；最后由于试卷上除保密号外不再出现学生的学号和姓名，防止了阅卷统分过程中教师给学生加入"人情分"的可能性。考试质量分析和信息反馈是现代考试流程的一个基本环节，是现代考试管理的一项常规工作，通过考试质量分析这个环节获取的大量信息经过整理、研究，并及时进行信息反馈，对于改进和完善考试工作，提高考试质量，促进考试走向科学化具有重要的作用。

七、网络化考试——知识和信息时代高校考试的改革方向

21世纪是知识和信息"爆炸"的时代，高校课程考试方式和内容应与时俱进，顺应知识和信息快速发展的局势，充分运用信息时代网络信息平台提供的方便，使考试管理既严肃、科学，又灵活、多样和开放。我们要以激发学生的学习和探索知识的兴趣为前提，使学生处在相对轻松的课程学习过程中，为掌握更多的知识和提高分析解决问题的能力而学习，以提高教学质量。

（一）实施网络化考试，顺应知识和信息快速发展的局势，提高考试质量

针对目前高校考试的种种弊端，以下提出许多针对性的建议或措施。从考试方式上，提出打破传统的以"闭卷"考试为主的方式，应根据不同专业、不同课程的性质或特点，灵活运用闭卷、开卷、笔试、口试、答辩、论文、操作等多种考试形式和方法，并增加考试机会。从考试内容上，提出拓宽考题所涉及的内容，增加考核学生分析和综合运用能力的题型。在命题时，要严格考试命题，坚持教考分离，严控命题环节，加强试题库建设。在评价中，可以通过学生自评、学生互评、小组评价、教师评价等多种形式进行。通过这些丰富多样的考核形式，促使学生开放性个性和创新意识的形成。

（二）网络考试的优势

网络考试是指通过局域网或者互联网，并利用计算机进行考试的行为，网络考试和在

线考试以及网上考试的概念是一致的。网络化考试将传统考试的各种工作流程通过计算机实现信息化和电子化的管理，使各种考试可以在网络平台下实现，包括组卷系统、考试系统、阅卷系统、成绩查询分析系统、试卷制作管理系统。该种考试形式在实现无纸化考试的同时，也强化规范了教学评估的手段，适应多媒体教学的层次和水平，同时也提供了科学准确的教学研究数据，具有传统考试形式不具有的优势。

（三）高校全面实施网络化考试的条件

目前，高校已有完善的网络系统，包括信息联网共享系统和大型计算机房，以及许多学生都有自己的个人电脑，高校实施网络考试的硬件已经具备。同时，高校还具有一批高水平的计算机专业知识的教师和相关技术人员；所有高校大学生在入学第一学期都有计算机基础应用的课程，这为进一步提高大学生的计算机理论和应用打下了基础；许多成熟的网络考试平台或软件已应用于不同行业的考试中；许多高校都有计算机和信息技术相关专业，等等，这些都是高校实施网络考试的软件。通过合理的调配和运用这些硬件和软件，高校已具有了全面实行网络化考试的条件。

（四）网络化考试有许多明显优于传统考试形式的优点

第一，网络考试要求具有高质量的科学性、全面性、难易程度和测试学生综合学习水平和能力等方面的题库。在我国高校，无论从规模、数量和质量还是师资水平方面，已具备各专业和学科标准化和高质量的题库建设的要求。我们要通过由不同高校相同专业推选优秀的专业教师组成考题题库的命题机构，通过搜集、整理历年题库和命题，并在此基础上根据不同课程的发展现状，建立不同专业课程的高质量的试题库。由于命题机构是由同一学科优秀的专业教师组成，试题的科学性、全面性、难易程度和测试学生综合学习水平和能力等方面会得到最大限度的提升，并且会不断通过不同学校学生考试结果的检验和随着学科的发展而不断改进和更新。

第二，网络化考试有利于培养和考核学生分析解决问题的能力。由于试题的科学性、全面性、难易程度和测试学生综合学习水平和能力等方面的优化，能够考核学生的学习效果和分析解决问题的能力，这也同时要求和促使着教师不断地自我学习，改革和改进教学方法、教学内容和教学水平，促使学生不断改进学习方法和学习态度，以提高自身的综合学习能力。

第三，由于有了高质量的题库和网络考试，同一门课程不同时间进行多次考试很容易实现，改变了传统课程考试频次太少和一次性闭卷考试对学生造成沉重心理压力的弊端，使学生处在一个相对宽松的探索知识和提高分析和解决问题能力的学习环境当中。

第四，实施网络化考试能够有效地预防舞弊。实施网络化考试可以使教师划定考试范围和送"人情分"以及学生的抄袭等行为得到减少，因此，它也同时具有间接端正教风和学风的作用。

第五，实施网络化考试提高了考试成绩的区分度、效度和信度。由于统一的高质量的试题和科学的评价标准，以及试题的科学性、全面性、难易程度和测试学生综合学习水平和能力等方面的提升，考试成绩的区分度、效度和信度具有科学性。

第六，实施网络化考试能够节约人力资源。实施网络化考试能够节约教师的命题和阅卷时间，可以使教师把更多的精力和时间用于教学和科研上，以不断提高教学水平和教学质量。

第七，实施网络化考试有利于学生更好地运用网络信息探索和学习科学知识，从而培养学生良好的上网习惯。实施网络化考试除了具备科学性、全面性、难易程度和测试学生综合学习水平与能力等方面的题库外，与之相适应的相关学科的网络学习和复习资料也能为学生的学习辅导提供方便。学生在进行长期网络课程资料的查询和学习中，会潜移默化地把网络作为探索学习的主要工具，而不只是一种消遣和玩游戏的平台，从而达到培养学生良好的上网习惯的作用。

第八，实施网络化考试具有巨大的经济和社会效益，对构建节约型可持续发展的社会具有积极的作用。如能够节约大量的纸张和油墨等消耗性和污染性的资源，从而对减少土地和植被的消耗以及减少环境污染起到积极的作用。

第九，高校实施网络化考试对推动网络考试的全社会普及有着重要的示范作用。作为科学技术创新发展主要源泉的高等学校，对推动科学技术转换为生产力起着巨大的示范作用。高校实施网络化考试必将对推动网络考试的全社会普及有着重要的示范作用。

正是由于网络化考试明显优于传统考试形式的诸多优点，实施网络化考试成了高校考试改革的一个重点方向。

第六章 高校教育行政管理创新

第一节 高校行政管理体制改革

随着中国高等教育的不断发展和大学教育体系的不断改革，高等学校对行政工作的要求不断提高，行政工作的有效性会影响教学质量和校园其他工作的质量。因此，行政工作的有效性对大学教育的全面发展至关重要。

一、行政管理的含义

行政管理的狭义含义是指国家将权力用到治理社会事务活动之中。现代行政管理的广义含义是指社会中的一切团体和组织对其事宜执行和管理的工作。在现代行政管理中，多数是将系统的工程方法与思想结合起来，以降低人力、物力和财力，乃至时间的浪费，最终提高行政管理的质量和效率。

我国高校的行政管理主要是从事科研活动和非教学的行政管理机构所进行的管理活动，相对于高校的教师和研究人员来说，他们大多是管理者。也就是说，他们的权力来源于政府对教育的行政管理。高校以科研和教学为主，行政管理主要起到辅助性和保障性的作用，是高校管理不可缺少的一部分。

高校的行政管理是高等院校特有的一种管理手段。通常，高校都有以校长为首的一套行政管理系统，高校的行政管理人员要履行其指定的系统来完成高校的各项管理工作。政府在对高校的监管上，主要是采取指令性的手段进行监管和检查。

高校为实现其在教育上的目标，必须要充分利用可以利用的资源，运用较为灵活的工作手段，制定完善的制度。既要达到预期的行政工作效果，又要保障其管理职能顺利地进行。高校行政管理的主体指管理层的领导和具体执行命令的行政工作人员。高校的人力、教学和物力等其他资源，根据教学科研需要和高校发展目标，经过行政管理的协调安排，达到效率的最优化，实现高校各项工作的顺利进行，推动高校的健康、长远发展。

二、高校行政管理的内容

我国各高校的行政管理内容主要包括以下三方面：

（一）协调好学术与行政之间的关系

目前，高校在行政管理上存在一些问题，最为突出的问题是行政权力和学术权力之间的关系问题。高校要对行政人员和学术人员进行剖析，妥善处理行政管理的高层、执行人员与教师、教授以及学生之间的关系，更好地进行高校行政管理工作，服从服务于教学、科研和学生的成长发展。

（二）配置好部门的功能

高校行政管理部门的设置，离不开执行上的各大功能。所以说部门与功能之间的关系是做好行政管理的关键。高校的管理部门在设置上一定要注意，行政管理部门的功能不能重复配置，要具有科学性和合理性，和岗位相符合。高校行政管理部门的功能如果不匹配，权力产生重叠，行政管理工作就会出现混乱现象，就会严重影响行政管理工作的效率。所以，要切实处理好行政管理部门的功能问题。

（三）协调好职员结构和改革管理之间的关系

高校的职员结构和改革管理之间的关系，是高校行政管理的中央内容。高校的行政管理改革，通常离不开对行政管理人员队伍进行改革。如果行政管理人员队伍过于庞大，在管理中就会出现很多问题，甚至会出现行政管理工作停滞的现象。整个高校的行政管理队伍结构越是精炼，职能分配越是清晰，越能达到预期效果，越能激发出行政管理人员的工作热情和创新精神。

三、高校行政管理的职能

高校行政管理的职能主要来源于政府教育行政管理职能。高校的行政管理职能可以大体分为统治职能、社会服务职能和社会管理职能。下面详细地介绍以下三个职能。

（一）统治职能

高校行政管理的统治职能是指各高校要以国家制定的各项教育方针政策为主，按照当前的方针政策进行教学管理。

（二）社会服务职能

社会的服务职能则体现在行政管理组织通过各项规章制度和职能来组织高校的非行政人员进行教学和科研研究等行为。在教学和科研中，处理好各种问题，使高校的教职工都能在自己的岗位上勤劳奋斗和爱岗敬业，最后达到各高校的预期目标。

（三）社会管理职能

高校行政管理的社会管理职能主要表现在行政管理人员通过管理运行体制和实施具体的管理职责，能够对高校的教职工进行正确、规范性的指导，使他们能够按照政策和规范有条不紊地进行工作，这样就能确保教育管理系统顺利运行和长远发展。

上述职能的决定性在于我国的社会主义性质，在我国各高校在教学和科研方面起到重要的作用。高校行政管理的职能对高校的教学起到保障作用，要随着社会的发展和变化不断地完善和创新高校的行政管理方式、方法，这样才能更好地促进高校教育水平的提高。

第二节　高校行政管理的制度分析

一、我国高校行政管理体制

我国的高等教育管理体制与计划经济的体制特征是完全吻合的，高校与政府的关系也是一种高度集权的管理关系。主要表现在以下几个方面。

（一）集中且直接的

在中央与地方的关系方面，主要以中央集中且直接的管理为主。高等教育事业主要事务的决策权和最终决定权在中央。从学校设置、专业调整、招生、毕业生分配、教师调配到经费划拨等，都由政府与学校发生关系，地方政府根据中央的决定进行工作，一切向上级机关负责，高校如同政府的一级行政机构。

（二）以行政管理为主

高等教育管理的手段一般包括立法、拨款、规划、信息服务、政策指导和行政手段等。我国对高等教育的管理以行政手段为主，即使是拨款、规划、信息服务和政策指导等都带有强烈的行政色彩。

（三）以封闭式管理为主

高等学校是社会的一个组成部分，它无法孤立地存在于社会之外，尤其是随着社会的发展，高校与社会之间的关系日益密切。高校的三大职能是培养人才、科学研究和直接为社会服务，学校的人力、物力、财力以及工作成果反作用于社会，无不通过学校管理去实现。因此，学校管理过程的一个重要特征就是封闭性与开放性的辩证统一。但是，长期以来，我国高校与社会之间、高校之间、人才培养与使用之间缺乏必要的沟通和联系，学校闭门办学，社会参与管理程度低，人才培养质量缺少科学的评估和反馈系统。

二、高校行政管理的运行机制

要想充分地发挥高校的行政管理职能，首要问题就是要不断地对运行机制进行创新和改革。这就要求高校有一个良好的运行机制来对其工作进行保障，使高校的行政管理人员能够尽职尽责地工作，更好地调动行政人员的能动性。要想切实可行地运用好各高校的行政管理职能，首先就要做到熟知行政管理的基础理论，要因地制宜地根据院校的实际情况，确定一个符合实际的运行机制。除要注意把握普遍性的行政管理特征外，还要注意把握教育自身的规律特征。总体来讲，各高校的行政管理运行机制包括竞争机制、决策机制和动力机制。

（一）决策机制

社会主义要求我们要做到科学与民主的统一。高校在行政管理上，只有做好科学与民主的统一，进行科学的民主决策，才能在高校行政管理的过程中做出最恰当的行政决策，才能最大限度地保障高校行政管理的运行合理性。

（二）竞争机制

竞争机制是高校行政管理中的不可或缺的重要机制，而竞争机制的建立，主要体现在教学水平管理和高校师资队伍的管理上，在教学与科学研究、后勤保障等方面也明显地体现。高校行政管理人员通过公平竞争实现优胜劣汰，就是竞争机制的一个最为显著的特点。市场经济的重要法则之一就是竞争。高校行政管理引入竞争机制，对于行政管理人员的创造性和主观能动性发挥了重要的督促作用，有利于改善和提高高校行政管理工作的效率，提升工作业绩。

（三）动力机制

首先要强调的是高校行政管理的动力机制，包括内在的吸引力、外界的压力与吸引力。其中所说的吸引力包含高校在硬件设备上对外界的吸引力因素，指的是高校的办学条件、校园环境、悠久历史和高校的学术氛围等一系列影响力。高校具备了吸引力，才能更好地形成能动力和向心力。就高校现状来讲，高校的行政管理人员和教职工的价值观是高校在前进路上的动力。有一个良好的内在动力，才能使他们在学生管理和工作、教学保障方面保持良好的状态，更好地投入精力。而外界的压力又主要包含高校在社会上的口碑、国家的重视程度、各高校的教育目标等，这实际上就是动力机制中不可缺少的反弹现象。

三、高校行政管理的作用

高校得以实施教育和科学研究的首要条件就是高校的行政管理，高校的行政管理在管理体系中起着最基础的作用，最为突出的就是指导、调节和约束功能。所以我们既要保障、协调好又要激励好高校行政管理的发展与改革。

第一，各高校的行政管理工作的保障性，主要表现在高校行政管理的服务性功能。高校的行政管理工作涉及整个高校的运转，几乎高校的所有事宜都离不开行政管理。即使是一件微不足道的事情，如果管理上出现问题，都会导致全局出现问题，阻碍工作的进展，降低工作效率。要想切实保障高校行政管理的发展与改革，高校的行政管理工作就要积极地发挥好服务性的功能，将服务性功能运用到工作中，处理好各种关系。

第二，高校的主要目标就是为国家培养人才，必须通过对大学生的教学、管理和服务来实现这一目标。对大学生进行教学、管理和服务，必须通过高校行政管理部门的协调，而各部门之间又具有较大的差异性，所以，在出现各种不协调的情况时，高校的行政管理部门就要切实地发挥作用，认真地处理好各部门之间的关系，充分发挥行政管理的协调服务功能。高校的行政管理人员在行政管理工作中，一定要强化教学和科研服务的管理理念，把高校的行政管理工作深入高校的每一个工作环节，最终实现高校行政管理的整体效能，实现工作效率的提高。所以，要妥善地处理好高校行政管理工作的改革与发展。

第三，对于激励高校进行行政管理的发展与改革，国家要给予大力的支持，作为各高校发展与改革的强劲后盾，高校自身也要激励所有的教职工和学生。而对于高校的行政管理工作来讲，它的具体作用就在于对学校内部各部门及其员工的工作情况进行监督与检查，最大效率地完成工作任务。高校行政管理工作应将绩效考评加入其中，这样才能最为科学与合理地使政策得到贯彻落实，最大限度地为高校行政管理工作的体系化、可持续性和模式化发展打下扎实基础。

第三节　高校行政管理体制改革的依据

以发展为主题，以结构调整为主线，以政府部门放权和管理体制创新为动力，以提高办学质量为出发点是这一时期高等教育改革的主要特征。高等教育体制和运行机制正从适应计划经济转变为适应市场经济；资源配置正从政府主导型的计划配置转变为政府宏观指导下的发挥市场调节作用；教育政策越来越体现公平与效率的统一；人才培养规格和模式日益多样化；教育在促进思想道德观念更新，促进社会进步方面作用越来越大。建立现代大学制度是当前高等教育改革深化的必然要求，也是内部改革的外在动因。

随着高教改革重心的逐步下移，高等学校本身在改革中的地位和意义已经越来越重要。教育的改革必定经历一个从系统的、宏观的层面转向学校层面的过程，这种转向是由高等教育本身的使命和功能决定的，因为人的培养毕竟是由学校承担的。随着高校办学自主权的落实，高校的办学规模和办学内容逐渐扩大，内部管理活动的独立性和重要性也日益显现。如学校的发展计划和目标的制定与落实；学校财政和资源的自主筹措、运作与分配；办学质量的控制；体制的创新与发展；公共关系的开拓与发展；教职员工与学生的沟通；围绕办学工作的管理与服务等重大问题上，高校的权力越来越大。革除高校内部的种种不适应症，建立起具有自我发展、自我约束、精简高效的内部运行机制是建立现代大学制度的微观基础，也是内部管理体制改革的目标。这是来自高校内部的直接动因。

一、教育行政管理体制改革的因素分析

一定的高等教育总是与一定的社会历史条件相联系的，分析社会的宏观背景可以为我们认识、分析高等教育提供更广阔的视野，帮助我们揭示高等教育改革发展的深刻社会动因。研究中国当代高等教育的宏观背景就应该认真分析我国社会主义初级阶段的基本国情，分析当前国内外社会政治、经济、科学技术和文化教育等的发展变化，及其对中国当代高等教育所产生的深远影响。

　　第一，国家政治体制和行政体制改革的深入推进和发展，对高等学校行政管理体制改革提出了客观要求。我国政治体制改革本质上是我国社会主义政治制度的自我完善和发展。我国政治体制和行政体制改革的内容主要表现为：完善党的领导机制，实行党政分开，促进党的领导与行政管理的协调统一；强调行政管理权力要进一步下放到地方政府，加强地方政府在区域社会发展与经济建设过程中的主体作用和决策权限，加强宏观指导和监督；解决行政效率低下的问题，消除无用的机构设置，精简各级行政机构，增强行政效率。这些方面的改革促进了社会主义物质文明和精神文明建设，扩大了社会主义民主，巩固了人民民主专政，维护了安定团结的政治局面。社会主义政治体制和行政体制的发展变化是我国高等教育管理体制和运行机制发展最为深刻的社会动因，为我国高等教育的体制改革和高等教育行政的职能转换创造了有利的条件。

　　第二，市场经济体制深入发展和不断完善要求高等教育管理体制应进行相应的改革和调整。在社会主义市场经济体制下，多种经济成分的并存和发展冲击着学校办学主体的单一化格局及相应的管理模式。经济主体的多元化排斥着高度集中的教育决策行为，要求决策主体在决策权上明确划分。随着包括劳动力市场、资金市场、信息市场等在内的市场体系的健全，市场的多变性、竞争性、开放性及信息网络性的特点，日益要求学校面向社会需要独立自主办学，要求教育行政部门的宏观调控要有合理的依据。

　　高等教育生产的是有巨大外部效应的准公共产品，即它不仅对受教育的学生有效益，而且对国家和全社会都有效益。这一特征使得高等教育又具有"公益事业"的特性，因而不能以营利为目的。但高等教育又为经济建设和社会发展培养高级人才，不可能完全由国家财政包办。基于此，在社会主义市场经济体制下，把高等教育作为一个特殊产业来开发，在一些院校和领域采取某些市场机制和企业经营机制，如重视产、供、销的衔接，重视投入与产出，讲求效益，在财政和人事制度上运用适当的竞争机制等，对高等学校的发展是十分必要的。

　　市场经济的改革促使高等教育观念的转变，进而推动政府制定适应市场经济发展的高等教育政策、法规，这些政策、法规就成了大学与政府关系模式转变的基本依据。现在大学已成为社会经济发展和国家生存不可缺少的事物，成为社会的"轴心机构"。现代社会，政府越来越关心高等教育的发展在国家与社会发展中的作用，越来越要求高等教育与社会经济发展相适应，越来越倾向于通过立法、行政、经费资助等手段来影响高等教育改革与发展的方向。因而，在现代大学的发展与改革中，政府制定的政策、法规发挥着越来越重要的影响作用，这种影响作用在集权式的高等教育管理体制（我国应属于这种类型）中显得尤为突出。当计划经济体制向市场经济体制转变之后，人们逐渐认识到，计划经济体制下，政府大包大揽的方式已不能很好地维持高等教育系统的运转，甚至会成为高等教育继续发展的障碍。解决这一问题的唯一方法是下放权力，让大学具有更多的办学自主权，使它们能独立地面向市场。

在市场经济条件下，高校经费来源的多样化成为大学与政府关系模式转变的经济基础。国家建立以财政拨款为主、其他多种渠道筹措高等教育经费为辅的体制，使高等教育事业的发展同经济、社会发展的水平相适应。普通高等教育经费来源构成的这一变化（即政府拨款所占比例的下降和民间资金所占比例的升高），既构成了大学与政府关系模式转变的基础，又是大学办学自主权扩大的一个主要方面。

国民经济的快速增长对高等教育提出了更高的发展要求，为高等教育的更快发展提供了更充分的条件。实行改革开放政策以来，我国初步建立了社会主义市场经济体制的基本框架，形成了全面对外开放的新格局，社会经济保持持续高速增长，国内需求旺盛，综合国力得到明显增强。毫无疑问，经济的高速增长一方面要领先高等教育的快速发展，对高等教育提出更高的发展要求；另一方面也为我国高等教育的持续发展提供了强大的物质基础。可以说，国民经济的快速发展是改革开放以来我国高等教育持续快速发展的根本原因。

第三，高等学校通过近些年的调整、合并，学校规模不断扩大，对管理提出了更高的要求。众所周知，管理不是无限的管理，它的作用对象总是有限的，总有一定的范围，管理对象超出这个范围，对管理的效益和效率就会产生影响，造成管理的低效益、低效率，甚至造成管理混乱、无序、无效，以致适得其反。目前，高校的数量庞大，规模庞大，且由于旧体制的遗留问题，高校管理事务庞杂，而市场经济对高校的影响也越来越大，高校的招生、后勤社会化、人事制度改革、融资渠道变化等，越来越受到市场和社会的影响，政府对此管理起来越来越力不从心，不能灵敏地把握市场对高等学校的新需求，也不能完全满足高校的发展要求。因此，必须及时地对传统的管理体制进行改革和创新。

第四，办大教育的要求。人口众多、自然资源相对不足、生产力水平不高和区域发展不平衡是我国基本国情的集中概括。这一基本国情对我国高等教育事业的发展具有根本的制约作用，是我们思考有关发展战略与制定宏观规划的基本出发点。为充分发挥现有高校的有限资源，为社会培养更多的建设人才，研究出更多更好的科研成果，更好地服务社会，我国需要大力加强高校管理体制改革，充分挖掘管理潜能，发挥管理效益，消除各种体制的束缚性因素，从而让一切创造科研成果、培养人才、服务社会的源泉充分体现出来。

二、高校内部行政管理体制改革的因素分析

(一) 教育大众化和教育收费制度的需要

近几年，我国高等学校的招生人数每年都在按两位数的速度递增，学生人数不断地增加，学校的规模不断地扩大。随着并轨招生制度的实行，学生开始缴费上学并承担教育成本。由于招生规模扩大，高等教育开始向大众化方向发展，学生缴费上学使高等教育市场化的性质得到一定程度的体现。为此，高等教育成为人们关注的焦点，人们开始关注教育的效益、效率和公正性，这也对新形势下高校管理提出了更高的要求，新要求要加强管理问题研究，提高管理水平和效益，充分释放管理能量，提高办学效益、效率，不断满足日益社会化的高等教育的发展要求。

(二) 提高高校管理效率和效益的需要

在我国高校的管理体制中，管理的科学性、民主性不够，对办学效率和效益缺乏一套科学的评价、激励、监督和约束机制，仍然习惯于计划经济条件下的思维模式，泛政治化思想比较突出，习惯于以社会效益为借口掩盖投入与产出之间的矛盾和弊端，忽视资金的使用效率。在项目建设投入上，过于重视项目的审批，缺乏相应的科学、民主的决策体制，轻视项目建设的过程管理和结果管理，从而在许多项目建设上造成了低效益，浪费了资源，加大了成本，这些都要求我国要理顺管理体制，改革与现实状况不相适应的管理制度和办法，从而提高办学效益，更好地为社会发展提供更多的人力资源和知识支撑。

(三) 高等学校发展的内在需要

中国高等教育正处在重要的转型期，这种转型既是适应国内国际经济、社会发展的需要，也是中国高等教育本身的一种创新；既是高等教育外部关系的一次调整，也是高等教育内部的一种改革。在新形势下，一些传统的体制性因素束缚了高校的深入发展，如办学体制问题、投融资问题、人事管理、分配制度、保障制度等问题，如何面对新的机遇与挑战，在管理办法上有所创新和突破，是所有高校都在深思和必须解决的重大问题。高校要发展，要壮大，就必须要大胆突破传统的管理理念和制度，积极学习借鉴和创新性地吸收发达国家高校管理的经验和做法，要对不合时宜的管理制度进行大胆的改革和创新，积极探索一些适合自身发展的新机制、新措施，不断推进学校的建设发展。

（四）国家事业单位改革的需要

改革开放以来，特别是近几年来，国家积极推进事业单位改革，转变事业单位职能，实行事业单位机构和人事制度改革，在选人用人机制、职称评价、分配制度、保障制度等多方面进行了积极的探索和实践，积累了有益的经验。在高等学校也积极推行了相关的改革和试点，形成了较好的改革氛围和条件。高校在新的形势下，必须面对改革的大趋势，深入分析社会的新变化，明确高等教育职能的新内容、新任务、新要求，及时调整自己的管理制度、机制和办法，主动面对国家事业单位大改革的挑战，共同推进社会的全面发展。

（五）落实办学自主权和实现高校内部管理科学化的客观需要

实现大学内部管理的科学化必须以扩大高校的办学自主权为根本前提，高校办学自主权的最终落实有赖于大学内部管理科学化的实现，高校办学自主权是实现大学内部管理科学化的根本前提。高校办学自主权是指高校独立行使的自主改革和自主发展学校的权力，具体地说，就是高校可以自主地进行教育、科研、办校产和后勤服务的权力。本质上，高校办学自主权问题主要是关于大学与政府部门之间权限的分配问题。扩大高校的办学自主权就是政府对高校的放权，高校从政府的附属地位变为有独立法人地位的办学实体，对外拥有发挥与拓展教学、科研、成果转化与产业化等社会功用与效能的自主权力，对内拥有人力、财力、物力等教育资源配置的自主权力。

管理科学化的本质是对组织所拥有的资源进行理性的配置、组织和利用，使之产生最佳效果。而一个组织所拥有资源的数量和质量决定其生产和提供产品的规模、质量，直接影响一个组织的整体实力和竞争力。高校任何一项工作的开展都离不开管理，而且在某种程度上，管理的科学化与否直接关系到工作的最后成败。在新的发展形势下，各高校要想在新一轮的发展竞争中脱颖而出，占据发展的制高点或有利地势，就必须向管理要效益，实现大学内部管理的科学化，以管理促发展。这就决定了新的历史时期，高校办学必须要主动适应新的环境，大力加强管理制度的改革和创新。当然，权力与责任是一对伴生物，权责相应原则告诉我们，高校拥有办学自主权的同时，也就规定了其应承担的责任。换言之，若政府已经做到放权，接下来的工作就要看高校是否要这个权以及如何用好这个权。落实办学自主权不是国家单方面的要求，不是说国家给了自主权，自主权就落实好了，它还需要高校科学、合理地使用，这也是高校必须要面对并要创新的问题。

（六）为高校培养、储备高素质教育人才的需要

在高校的人事改革方案中，争议最大的就是为什么改革首先要筛选教师，而不是针对行政管理系统。校方的理由很简单：用阻力最小、最可操作的方式推进改革，改革没有最优，只有次优，学校要建成世界一流大学，必须要有一流的师资队伍，基于这样一种逻辑，学校当然要首先建设师资队伍，这也是当前许多高校进行校内管理制度改革的基本逻辑起点。但是，许多时候，我们忽视了一些基本的事实，那就是高校行政化、评价机制不完善，却没有从根本上得以解决的原因在于政策的制定者和执行者离这些问题太近，大有"不识庐山真面目，只缘身在此山中"的意味。当然，这种"不识"是真的"不识"，抑或假的"不识"，只有这些政策制定者自己最清楚。高校给出的解释很好地说明了其中的原委。要建设一流的大学，不仅要有一流的师资队伍，更要有一流的管理。如果仅仅有一流的师资，而管理落后，必然产生管理的低效能，直接影响并限制教师才能发挥，最终也难以建设一流的师资队伍。因此，在某种意义上讲，管理的重要性更显得突出。基于此，要建设一流的大学、一流的师资，必须建设一流的管理，使管理真正为教学科研服务，为教学、科研保驾护航，使教学科研人员真正对学校产生归属感，安心教学、科研，从而为学校的发展奠定最基本也是最重要的基础。

（七）遵循教育规律，还权学术的需要

高校是一种社会机构，任何机构的运行都需要一定的权力资源作为支撑，并要按照一定的规则来加强管理和运用。高校与一般社会机构的不同之处在于，它是学术性的组织，教学、科研工作是其中心工作，其管理也必须按照学术性组织的特点与规律来运作。具体来说，高校必须按照教育规律来培养人才，按照科研规律来开展科研工作，在社会服务方面也必须遵循教育和知识的价值规律，这就要求从事学术的人必须具有相应的学术权利，在相应的决策活动中具有相应的决策权。

改革开放以来，学术权利开始受到关注，一些学校先后组建了学术委员会等机构，但是学术权利仍然非常有限，是在行政权力之下执行有限的学术权利。在当前形势下，必须改革不合理的行政权力和学术权力配置模式，还权于学术，给予学术相对独立的发展空间，发挥教师教学、科研的积极性和创造性，使他们将自己的主要精力和时间用在教学科研上，产生更多的教学科研成果，从而服务于社会。

第四节　高校行政管理体制改革的对策

加速推进和全面深化我国现行的高校管理体制改革，这既是当前我们所面临的一件十分重要和紧迫的任务，又是一项异常复杂和艰巨的系统工程。我国现行的高校管理体制与我们所设计和选择的改革目标模式之间还存在着相当大的距离，深化我国高校管理体制改革的目的在于更好地适应正在不断变革中的社会经济环境，同时，也只有不断地改变各种相关的社会经济条件和环境，才能进一步深化高校管理体制改革。就当前我国各项改革的实际进程和状况来看，在实现新、旧体制转轨转型的过程中，我们依然面临着一系列的改革难题和障碍，只有排除这些改革障碍，解决这些难题，才能实现既定的改革目标。

一、教育行政管理改革

（一）进一步解放思想，转变观念

在计划经济体制条件下，人们已经形成了一整套与传统事业单位管理体制相适应的传统事业观念。例如，长期以来，科学、教育、文化、卫生、体育等社会活动被视为"事业"，凡是"事业"就应由国家包办，凡是事业人员均为"国家干部"；该"事业"属于上层建筑领域，属于非生产性活动，不创造价值；"事业"单位所提供的各种产品和服务，均属社会公益性和福利性的公共产品，不能实现产业化与市场化。这些观念既是形成传统事业单位管理体制的理论基础，又是其现实的反映。改革开放以来，人们的传统思想逐步得到一定程度的解放，传统观念有所转变，但从深层次上看，在我国现行的"事业"领域里依然存在着许多改革的禁区或误区，其根源就在于人们思想认识上依然存在许多禁区或误区，不改变这些落后的观念，改革就会寸步难行。为了推动思想解放，促进观念转变，统一思想认识，明确改革目标，尽量减少改革的阻力和改革的成本，我们必须大力加强高校管理体制改革方面的理论研究，认真总结前期改革的经验，积极开展学术交流和理论宣传，创造良好的改革环境和条件。与此同时，我们还要转变旧观念，树立高等教育管理社会化的思想。长期以来，有关部门一直坚持高等教育管理就是行政管理，高等教育管理体制就是"行政体制"或"属于行政体制"的观点，迄今为止的教育管理体制改革并没能解决影响我国教育发展的深层次问题。因此，在教育管理体制改革的过程中，必须从理论上打破传统观念，树立"高等教育管理社会化"的思想，推进管理主体社会化，实现管理效能社会化，从而促进我国高等教育与社会政治、经济的改革发展相适应，以实现高等教育管理体制改革的最终目标。

（二）建立政府宏观管理、学校面向社会依法自主办学的管理体制

随着政治和科技体制的发展变化，针对高等教育事业发展的实际需求，彻底理顺政府与高等学校、中央与地方、中央教育主管部门与中央其他业务主管部门之间的关系，逐步建立起举办者、管理者和办学者职责分明，中央与省级政府分级管理、分工负责并且以地方为主，条块关系有机结合，学校面向社会依法自主办学的高等教育管理新体制。

目前的高等教育管理体制表现为政府在教育管理中行政干预过多，学校自主权很小，已不能适应市场经济的要求。因此，转变政府职能和放权便成为我国教育管理体制改革的一条主线。长期以来，我们处于政府主导型的社会，在高等教育方面表现得尤为突出。由于高校绝大多数为国家主办，政府很难从事务性管理中退出来，高校也就谈不上自主办学。政府对高等学校的管理是高等学校发展的根本保证。这里不是对高等学校管不管的问题，而是如何管、管到什么程度的问题。社会越进步，高等学校越发展，政府对高等学校的法令法规也就越多，这是一对矛盾。要解决这一矛盾，政府就要对高等教育进行必要的、适当的和合理的管理，具体来讲就是由直接管理转为间接管理，由硬性管理转为软性管理，只有这样才能使高校办学自主权得到真正的实现。在政府对高等学校的宏观管理中，政府应代表最广大人民群众的根本利益，根据社会发展趋势对高校提出教育要求，但不直接管理和控制高校内部的运行环节与过程，不干预高校内部的日常事务，不在学术领域里使用行政命令。政府职能主要体现在对高等学校系统的宏观管理，体现在把握高等教育事业的方向和质量标准等方面，概括而言，政府对高校的管理应主要体现在对教育的规划和立法、教育经费的管理与控制、教育的评估与监督这三个方面。当前，我国在高校办学自主权和大学内部管理科学化方面存在许多问题，如在办学自主权方面，权力下放得不够、不彻底，下放权力的转移，自主权的约束等问题，直接影响到学校的管理科学化，综合起来看，最大的问题就是两者未能很好地协调与配合。针对这个问题，当前要处理好高校办学自主权与大学内部管理科学化的关系，实现两者的同步完成，应从以下几个方面着手。

（1）首先，作为政府主管部门，要确实改变大一统的管理观念，适应时代变化对大学提出新的要求，真正下放权力，使高校拥有真正的办学自主权，变过去的具体管理为必要

的宏观管理。值得注意的是，在权力的下放过程中，不但要讲究力度，而且也要讲究速度。在现实当中，由于政府不愿放权或者害怕一放就乱的疑虑，因而行动迟缓，影响了高校的自主发展。其次，作为高等学校，必须改变过去那种坐等上级指示和命令的无所作为的管理观念，要意识到办学自主权不仅是大学应有的权力，同时也是大学健康发展的原动力。对于政府所下放的自主权，高校应主动整合，并根据学校自身的特色运用到高校的管理当中，从而推进管理的科学化进程，让自主权适得其所，发挥出最大的功效。按照新的管理体制，高等学校应该是独立办学的法人实体，拥有依法充分行使自主办学的权力。具体来说，高校可以根据国家颁发的有关法律、法规，依据国家确定的专业目录制订招生计划和基本的录取标准、培养规格和基本学制、学位和职称颁发评定标准，高等学校在专业设置、招生、组织教育教学活动、开展科学研究与技术开发、筹措和配置及使用经费、机构设置与人事安排、职称评定与工资分配、对外交流等方面拥有充分的自主权。学校要努力形成主动适应国家经济建设和社会发展需要的自我激励、自我发展、自我约束的运行机制。

（2）政府应转换高等教育的管理职能，理顺条块关系。在新的体制下，政府不仅要向学校下放高等教育管理的很多权限，并且其管理的职能也发生了根本性的转换，即从过去主要的直接行政管理转变为更加重视运用规划、法律、经济、评估、信息服务等途径实现宏观管理；从过去具体的办学过程与日常事务管理转向宏观的办学目标与发展方向管理；从过去单一依靠政府行政职能部门管理转换到日益重视发挥社会学术组织、研究机构和民间团体等中介组织的管理作用。新体制的基本框架是中央与省级政府两级管理、分工负责，并且根据区域经济迅猛发展的实际，进一步扩大或强化省级政府管理发展高等教育的职责与权限。中央政府的职责主要是制订国民高等教育事业的宏观规划、基本政策与质量标准，组织高等教育办学方向与质量效益的检查评估，为高等教育改革发展提供综合的信息服务，直接管理一部分关系国家经济建设和社会发展全局或者地方政府不便管理的重点大学。在中央宏观指导下，省级政府对所属区域的高等教育在制订发展规划、开发配置资源、组织检查评估，以及新设专科及高等职业学校的审批等方面拥有管理决策权。

（三）完善高等教育法制，为高校自主权的扩大和大学内部管理提供保障

要实现高校办学自主权的扩大和内部管理科学化，必须有强有力的法律法规作为保障。经过不断的改革，我国高等教育中央与地方政府的分级管理以及条块结合的体制已经初步建立，面对新的形势，政府如何加强宏观管理，涉及政府职能和管理方式的转变，这

是教育体制创新的关键，有待于继续探索和创新。归结起来，调整政府与高校的关系必须解决好三个问题：如何面向市场、依法办学和民主管理。加强教育法制建设、依法治教是我国教育现代化的历史选择。然而，我国的教育立法工作还处在架构体系、完善法规的阶段。因此，我们必须将整个教育系统建立在法制的基础上，用法律来维护各管理主体的社会地位，划分各自的权限，明确各自的义务和责任，并真正做到"有法必依、执法必严"，只有这样才能保证高等教育高效有序地运行。

（1）政府管理的权力与责任、政府与高校的关系，只有建立在法律的基础上，依法行政，依法办学，教育体制的改革与创新才能走上法制化的轨道。政府从直接的行政管理向间接的宏观管理转变，涉及责、权、利关系的调整，将引起政府管理手段和方式的革新。由于长期受计划经济体制的影响，政府教育行政管理部门习惯于用计划手段和行政审批方式直接管理教育事业，很难用法律的、经济的、政策的、信息的方式实行宏观调控，这里既有思想观念和行为习惯的原因，也有利益分配的因素，涉及市场经济条件下政府职能和政府行为的法律规范问题。法律既保证政府有力地行使其职能，又制约政府的行为，有利于政府职能的明确界定，其基本原则是凡属市场调节的领域，政府主要是规范市场运作，发挥市场的调节作用；凡属市场不起作用的领域，则政府施加行政干预。

教育的不同部分也要区别其提供的是公共产品、准公共产品、私人产品等不同性质进行分类管理和分类指导，要调整和革新管理手段和方式，尽量减少行政审批手段，把精力更多地放到战略规划、依法行政、政策指导、信息服务以及各种间接调控的手段上，政府是行政机构，高等学校是教学和学术机构，两者的活动内容与方式不同，因此，政府管理高校应遵循教育规律与学术规律，进行宏观、间接管理。

（2）加强政府的宏观管理，表现在政府与学校的关系上，是使政府从直接的行政管理转向依法进行宏观管理，保证学校的办学自主权；表现在政府与市场的关系上，是由政府制定和执行市场准入与市场运行准则，规范市场运作，发挥市场对教育的适度调节作用。政府适当应用市场机制进行宏观管理，必须坚持公平与效率的原则，优胜劣汰，效率优先，追求利益的最大化。对弱势群体造成的教育机会的不均等和不公平，要求政府在应用市场机制进行宏观管理的过程中，一方面，要明确公共教育资源主要是政府教育经费的分配，应当坚持公平优先、兼顾效率的原则，即在平等地保证基本需求的前提下，向效率高的优质教育部分重点倾斜，并且创造一个公平竞争的环境和机制；另一方面，应运用经济杠杆调节教育供求关系，建立和完善政府和社会的资助制度，通过奖学金、助学金、贷学金等形式，帮助家庭经济困难的学生获得平等的受教育机会。我国城乡之间、地区之间教育水平、教育条件和教育机会的差距很大，大力加强农村教育，提高教育水准，让农民子弟有更多的机会进入高等学校，是我国政府教育宏观管理中的一项重要任务和重大课题。

（3）建立与社会主义市场经济相适应的高等教育运行机制。在市场经济环境中，旧有的高等教育运行机制必须调整。培养高级专门人才，创造新科技知识的高等学校，在市场经济条件下必然会或多或少地与劳动力市场、知识市场建立关系，并受到市场活动的直接调节，为此，高等学校要成为一个相对独立的实体，拥有自我支配、自我约束和自我发展的权益。当然，在社会主义市场经济中，高等学校与市场活动的关系不是自发的、盲目的，而是要处在国家政府的有力导向、干预和调控之下，是国家政府宏观计划下的市场调节活动，例如，对于提供"准公共产品"的高等院校，政府应该实行宏观调节。在社会主义市场经济环境中，高等教育运行过程中，政府、学校和社会市场的关系应该是"政府宏观调控，学校自主办学，市场积极引导"的模式。政府的宏观调控主要是运用计划、行政、法律、经济等手段，对高等教育的办学方向、发展进程、教学活动及教学结果等方面进行调控。高等学校自主办学，一方面要在国家政府的宏观调控之下；另一方面则要在市场活动中得以强化。价值规律、等价交换原则和市场作用机制使得高等学校在办学活动中引进市场机制，适应社会供需变化，不断形成自身特色，同时，在外部竞争压力和内在利益的驱使下，逐步形成自我积累、自我发展、自我约束、自我完善的能力；在自主办学、保持自身特色的前提下，积极建立横向联系、联合协作的办学模式。对高等学校而言，市场概念包括两大部分：一是高等学校外部市场（社会市场），它包括劳动力市场、科技知识市场和资金市场等；二是高等学校内部市场（院校市场），它主要指高等学校内部活动中的一些市场现象、市场要素和市场关系。

（4）建立以政府办学为主，社会各界共同参与的办学体制。办学体制涉及有效开发高等教育资源和充分激发高等教育发展活力的问题，并且与高等教育管理体制相互影响，这也是这些年来我国高等教育体制改革的重要内容。高等教育办学体制改革的基本方向就是要打破政府绝对包办办学的局面，逐步形成以政府办学为主体、社会各界共同参与的办学新体制。关于这一办学体制，在理论认识和实践探索上要坚持如下原则。其一，必须坚持以政府办学为主体。在现代社会，高等教育一方面是对经济建设和社会发展起基础、全局和先导作用的知识产业；另一方面也是一项崇高的社会公益事业，它具有经济、政治、文化的广泛社会功能，涉及对青年一代的培养和国民整体素质的全面提高，是国家综合实力的重要构成。因此，在我国现有的社会主义经济、政治基本制度的条件下，从提高综合国力和坚持正确的发展方向着眼，高等教育必须坚持以政府办学为主体，也就是在高等教育事业中保证公办学校的主体地位。其二，必须鼓励和支持民办高等教育的发展。支持社会各界投资兴办高等教育，鼓励民办高等教育的发展，这可以更广泛、更有效地开发利用各种社会资源以弥补政府财政投入的不足，同时还有利于探索高等教育多样化的发展管理模式，从而更快地发展高等教育事业。鼓励和支持民办教育，这符合高等教育发展的内在需求，也是国内外发展高等教育的共同经验。另外，我国社会主义市场经济体制的建立与不断完善，国民经济的快速发展和经济成分的不断多样化，也必然要求高等教育办学主体的多元化，同时也为这种多元化提供了必要的经济基础和多方面的有利条件。其三，必须抓紧研究和妥善处理中外合作办学的规范管理问题。中外合作办学，国外资本与教育机构进入我国高等教育市场或者我国高等教育进入国外教育市场，这是我国高等教育办学体制改革发展中的一个特殊问题，加入世界贸易组织以后，这一问题将会更加突出。因为根据世界贸易组织的有关协定，视教育为服务性贸易，要求各成员国对外大范围地开放高等教育。我们要抓紧对这一问题的研究，并在高等教育办学体制中对此予以明确定位，尽快制定出相应的基本政策和管理办法。在这一问题上的基本方向就是既要遵循又要充分利用有关的游戏规则，既要进一步扩大开放，允许外国教育机构和资本进入我国高等教育市场，又要注意坚决维护国家教育主权，同时还要鼓励我国的高等教育机构看准时机，大胆地向国外教育市场发展。

（5）在实现政事职责分开、机构分开、人员编制分开的基础上，更重要的是实现政事管理体制分开。具体来说，事业单位在机构名称、机构等级，劳动人事制度，工资福利制度、目标考核制度、组织领导制度、财务管理制度，组织运行与管理方式等方面，均应与行政机关脱离，严格实行政事运行机制与管理方式分开。高校应取消行政级别，并采取简政放权等多种过渡性措施，逐步淡化并最终完全剥离事业单位与其主管行政部门的隶属关系。在此基础上，按照建立现代事业制度的设计构想进行事业法人登记，使其成为依法面向社会，自主开展事业经营的独立事业法人，完全实现政事分开的改革目标。

（6）对扩招带来的困难和问题，政府和高校应当共同努力解决。在宏观层面上，政府要发挥服务和监督控制职能。政府要充分做好高校扩招的论证工作，制定参与扩招高校的评估体系标准，对要求扩招的高校进行严格审批，并根据高等教育的发展规律，重新调整扩招的人数，从而在制度上制止各高校的盲目扩招。在微观层面上，高等学校必须对自己的学校教学、生活场地、设施、设备和师资队伍进行定位，要量力而行，不要追求短期效应，要制订学校短期的发展计划和长期的发展规划，使学校沿着持续、稳定、健康的轨道发展。

（7）对合并中出现的磨合、人事调整等依靠高校自身力量难以解决的问题，从政府角度充分发挥好宏观调控的管理职能，协调好各个方面的关系，进行有效的行政干预和指导。对于高校合并工作，要根据具体情况进行科学、合理的论证，不能搞政策诱导，少一些行政化色彩，走科学评估之路。从学校角度来说，首先，要充分认识到合并的难度，并引导教职员工主动参与，积极配合。其次，完成对学校办学思想的重新塑造。采取兼收并蓄的策略，既要保留客体大学原有的优势，又要逐步将主体大学的先进思想融合进去，实现学校办学战略和办学目标的完全一致。再次，在学校管理上要实行集中下的适度分权。在实现统一领导的基础上，实行校、院（系）两级管理模式，其中校级领导处于管理的中心位置，主要抓宏观工作，如学校的发展规划、校内各种关系的协调等；院（系）一级则侧重于微观方面的具体工作，如教学管理和科研工作。最后，要促进学科的深度融合。应根据新学校的发展规划，按照"厚基础、宽专业、多方向"的原则进行学科专业、课程的调整与建设，实现学科渗透，优势互补，资源共享，从而使学科发展形成良性循环。综上所述，面对我国高等教育体制改革中出现的这些难点问题，政府要注意发挥好宏观职能，加强引导，大胆探索改革的新模式，而各高校也要在实践中不断挖掘自身的潜力，努力提高学校的教育质量和科研水平。

（8）建立科学、合理、公正的评估体系。建立科学、合理、公正的评估体系对于高校的良性发展具有重要的作用和积极的意义。只有在这样的评估体系下，高校对其教学、科研、学术等工作的质与量才能准确评价，只有在准确评价的基础上，才能使学校的分配制度有合理的依据，才能调动起教师对工作的积极性，最终保证高校的教学科研质量。在这些体系的建立中，不仅要充分考虑我国的特点，而且还要吸收借鉴西方发达国家的经验，引入社会化的测评机构、测评制度等，如建立教育行业协会、教育评估所、资产评估所等中介组织，从而真正建立起具有中国特色的科学、公正的评估体系。

（9）关于教育产业化的问题。目前，教育部部长在公开场合已经明确表示，高等教育不实行产业化。事实上，教育产业化是一把双刃剑，利弊都有，究竟采用与否，在于国家决策层的意志。但是作为世界上许多国家都在采用和借鉴的一种模式，我们不能概而否之，特别是在我国，教育基础较为薄弱，政府还无力承担高校发展所需的巨额资金需求，适当实行教育产业化，对我国高等教育发展是有帮助的，也是切实可行的。但必须要明确，实行产业化是一种有限的产业化，它既包括在一些领域实行产业化模式、机制，又包括这些模式、机制在这些领域所起的作用也是一定程度上的，比如高校的投融资、后勤管理、专业设置等，由于与市场联系较为紧密，可以相对实行一定程度的产业化改革；对于一些二级学院的设立，究竟哪些学校可以设立，哪些学校不能设立，设立的二级学院的权限和办学模式，国家要根据各个高校的不同地位、作用进行相应的规范，而不能让一些市场化的因素在高校泛滥成灾，影响高校的整体发展。

二、高校内部的管理体制改革

高等学校内部的管理体制改革是一个相当复杂的问题。目前，我国高等学校在这方面存在的问题还比较普遍和严重，不仅与我国社会发展的需要不相适应，而且还严重制约着高等学校自身的有效运行，妨碍着高校职能的充分发挥。改革高校内部的行政管理体制，要从政府管理的模式中走出来，按照教育规律管理学校，在教育教学观念改革已经取得重大进展的背景下，为教学、科研、服务工作创造良好的运行机制和外部环境，这既是实施科教兴国战略和发展社会主义市场经济的需要，也是高等教育改革和发展的需要。基于上述种种原因，今后的改革重点应在以下几方面进行创新和突破。

（一）切实实行党政分开，明确各自职责

加强学校领导干部的任命机制改革，改革高校领导单一的委任制，全面实行聘任制，实行任期制。改革是基于这样一个事实，即学校不是一级政府，学校的运作必须遵循教育教学的规律，不同于政府的运作逻辑和运作轨迹，如果把行政委任制照搬到学校，走行政逻辑之路，很容易冲击学校正常的教育教学规律，挫伤教职员工的积极性。从某种意义上讲，校长就是一所学校的代表，一所好的学校必须要有好的校长，好的校长不是上级政府委任出来的。在实行聘任制的过程中，要建立相应的约束机制，选拔过程要公开，由教师代表大会、工会代表大会、教授委员会等组成考察委员会，负责选拔与监督，要举行一定范围的公开答辩，接受教职员工的质询。

（二）理顺学校内部学术权力与行政权力的关系

要淡化行政级别观念，重视学术权力，建立教授委员会等组织，广泛吸收学术人士参与决策和管理，充分发挥高等学校的学术权力在管理决策中的作用。学术权力和行政权力在高校中都有其存在的必要性和局限性，两种权力不能互相替代或以一种权力掩盖另一种权力。但从我国目前高校的现状来看，学术权力应处于主导地位，这不仅是因为现行的高校结构中，行政权力居于主导地位，甚至还有掩盖学术权力的趋向，更重要的是，高校的教学、科研和社会服务都是具有独立性和创造性特点的知识活动，并且基本上是以学科为基地展开的，只有从事这些活动的专家对于这些事物才有最权威的发言权。当然，提倡以

学术权力为主导并不是抹杀行政权力的作用，两者的有效整合是处理权力结构的关键。

（三）转变管理理念，树立经营学校的观念

一切改革，必须观念先行，没有观念的转变，就不可能有行动的解放。在社会大转型和大变革的时代，高校必须及时调整自己的办学理念和管理理念，积极吸收借鉴先进经验，创新自己的管理思想。高校不再是封闭的象牙塔，日渐与社会紧密联系，这使得高校社会化的进程加快。高校投融资体制的转变，社会化办学的冲击，高等教育产业的日渐深入发展，都迫切需要高校遵循教育发展的规律和市场发展的规律，以经营学校的观念来指导学校的管理工作，不断扩大自己的办学实力，从而更好地为教学科研服务。

（四）加强高校管理职能的调整，促进机构改革的进程

高校以前的管理主要是一种行政管理，是一种大管理和单一管理。在知识经济时代，知识已经不再是间接地影响经济，而是直接参与经济活动，已经成为经济生活的一部分，知识的作用不仅通过掌握知识的劳动者体现出来，而且可以直接变成财富，即实现知识的物化。一些国家机关、企业团体等在高校建立研究中心，不少高校也相继创立和发展了科技园及一批高科技企业或企业集团，这样就使得高校的管理对象复杂化，管理内容多样化，管理需求多元化。在这样的新情况面前，高校要及时调整自己的管理职能，明确哪些是必须管的，哪些是不必管的，哪些是可以委托管理的，从而把管理学校的主要精力放在学校的发展大局上，并根据自己职能的变化，适时进行相应的管理机构改革，从而提高管理效益和效率。

（五）加强高校人事分配制度改革

之所以新一轮高校管理体制改革的内容都与人事制度有关，是因为人事制度改革是一切行政制度改革的核心，高校改革当然也要抓住这个核心问题。现在都讲核心竞争力，核心竞争力这个概念来自最新的企业管理理念，企业的竞争不仅是产品的竞争，更表现为企业内部群体创新能力的竞争，是人才的竞争。大学的核心竞争力在于师资，而管理则可以充分发挥师资的潜能。传统的人事分配制度平均主义严重，不利于人才的发挥。要通过人事分配制度改革引进竞争机制，实现人才的合理分流与利益的合理分配，从而提高教职员工的待遇，充分调动广大教职员工的积极性，发挥他们的聪明才智，以形成强大的学校竞争力。在改革中，要改变以前认为的人事制度改革就是让员工下岗、分流的简单做法，要结合中国的实

际和中国高校的特殊情况和特殊地位实行科学、合理的改革办法,如实行减员增效或增员增效,不能把一切负担都推向社会。总之,人事分配制度是推进我国高校管理体制改革过程中所面临的又一个重大难题,它必然会遇到较大的改革阻力,需要我们在制定政策的过程中,走科学化、民主化、理论联系实际之路,积极、稳妥、有序地推进改革。

(六) 建立和完善社会保障制度

根据我们所选择的管理体制改革的目标模式,我国必然要实行机构的大调整、大转向和大裁员,除了极少数机构与人员应还政于政之外,其他大量的人员应进行分流,在实现政校分开、校企分开之后,事业单位的人员分流到企业,这也就意味着个人身份的转变及相应待遇的改变。显然,传统观念与既得利益等因素无疑将成为实现机构调整和人员分流的一大障碍。因此,必须加速我国现行的人事制度、住宅制度、户籍管理制度及其他相关配套制度的改革,尤其是要加速建立和完善新的社会保障制度,这是实现高校人员分流的基本保证。我国现行的社会保障制度是适应计划经济体制要求建立起来的,带有供给制的色彩,覆盖面窄,社会化程度低,保障功能差,管理体制混乱。就高校来说,基本上完全与行政单位一样,由人事部门履行养老保险职能,由卫生部门履行医疗保险职能,所有这些保险制度实际上是通过有关人员所在的单位来实现的,从而造成了事实上的单位保险制。在这种传统的社会保障制度下,一个人一旦离开了所在"单位",就会失去相应的社会保险待遇,这无疑是实现高校人员分流的又一大障碍。在进一步深化事业单位体制改革的过程中,国家可以采取一种新的改革思路,即根据中国干部人事制度的实际情况,在承认和保留现有事业单位人员身份及相应待遇的基础上,先将用于社会保险的经费单列出来,再设立相应的社会保障机构负责集中管理,将其与原来事业单位的其他经费脱钩,逐步剥离事业单位的社会保障功能,实现社会保障的社会化。这样既可以有效地减轻事业单位的沉重负担,又可以改变社会保障单位化、部门化的严重弊端。从长远来看,分离公共事业经费预算与社会保障经费预算,建立现代化和多元化的社会保障体系,也是建立社会主义市场经济体制的一项基本内容。

(七) 建立和完善高校内部的评价体系和考核制度

目前,高校内部的管理评价考核体系(包括干部评价体系、员工评价体系、学术评价体系等)比较僵化和落后,对人才的成长与发展产生了一些误导和不良影响。中国科学院正在试行职称评定改革,这在社会上引起了很大的反响,政府机关也在试行一些新的考核制度和办法，如问责制的建立和落实。高校要在这样一种大背景下，积极思索和创新自己的评价考核体系，主动面对已经到来和即将到来的挑战，大力改革高等学校的教师评定考核与奖惩制度，使之能有效地调动教职员工的工作积极性，在高校形成一种良性的运行规律，从而有利于高校的整体发展。

（八）加强高校管理方式和管理手段的转变

在高校管理对象复杂化、管理内容多样化、管理需求多元化的今天，要积极创新传统管理模式，将传统单一的行政命令引入市场管理理念和手段，加强高等学校与社会的联系，尽快建立与完善高等学校与社会相互合作的有效机制。与此同时，还应完善中介组织，发挥中介组织的作用。在当今社会，必须依靠中介组织的各种功能，如桥梁作用、缓冲作用、服务作用、监督作用、资源配置作用，以达到降低交易成本的目的。

（九）建立健全高等学校内部的各项规章制度和加强组织建设

制定完善的大学章程，组建教代会、工代会、教授委员会等学术组织和职工权益组织，并切实赋予其相应的职权，充分发挥其作用，在重大问题的决策上能够起到决定性的作用。加强对各系统及各组织行为的有效规范，特别是在自主权不断扩大的过程中，需要尽快建立完善的自我约束机制。在政府的宏观管理下，自身能够实现有效的管理和运行，保证各项职能充分协调地发挥。在建立相应的约束机制后，在规范比较健全的情况下，一些管理领域可逐步向管理工作专业化、职业化方向发展，如后勤服务工作、学生管理工作、科技服务工作等。

参考文献

［1］刘思延. 高校教育教学管理实践与创新发展［M］. 哈尔滨：哈尔滨出版社，2021：05.

［2］吕村. 高校教育管理与教学研究［M］. 长春：吉林文史出版社，2021：03.

［3］周芸. 高校教育教学管理模式创新研究［M］. 北京：中国财政经济出版社，2021：12.

［4］王慧. 现代教育理念下的高校教育教学管理研究［M］. 北京：化学工业出版社，2021：12.

［5］杨丹，卢敏，于彦华. 高等教育中的参与式教学与学习高校教师和管理者指南英文版［M］. 北京：中国农业出版社，2021：10.

［6］高健磊. 新时期高校管理与发展路径探索［M］. 北京：中国政法大学出版社，2021：09.

［7］李玉萍. 高校教师信息化教学能力发展研究［M］. 合肥：中国科学技术大学出版社，2021：07.

［8］卢保娣. 大数据时代高校教育管理及其信息化建设［M］. 长春：吉林大学出版社，2021：08.

［9］周烈. 高校教学与治理的探索实践［M］. 北京：旅游教育出版社，2021：06.

［10］刘娟. 高校管理与教育教学实践研究［M］. 长春：吉林教育出版社，2020：04.

［11］胡凌霞. 高校教育管理理念与思维创新［M］. 长春：吉林大学出版社，2020：08.

［12］索金龙，申昉. 高校财务管理技术创新研究［M］. 北京：北京工业大学出版社，2020：06.

［13］刘常国，王松涛，宋华杰. 高校创新创业优质教育资源建设与实践研究［M］. 北京：北京工业大学出版社，2020：06.

［14］靳浩. 高校教育与教学管理［M］. 北京：北京工业大学出版社，2019：11.

［15］郭晓雯. 高校教育教学管理创新发展研究［M］. 北京：北京工业大学出版社，2019：11.

［16］朱爱青. 素质教育背景下高校教学管理制度改革的研究［M］. 北京：中国纺织出版社，2019：05.

［17］丁兵. 当代高校教育管理研究［M］. 西安：西北工业大学出版社，2019：05.

［18］孙连京. 高校教学管理理论与实践［M］. 南昌：江西高校出版社，2019：07.

［19］关洪海. 高校教育管理与创新实践研析［M］. 北京：冶金工业出版社，2019：10.

［20］陈晔. 新时期高校教育管理实践研究［M］. 北京：现代出版社，2019：10.

［21］夏越. 现代高校体育教学研究［M］. 北京：北京理工大学出版社，2019：01.

［22］陈小倩. 本科院校教学管理创新与实践研究［M］. 北京：中国商务出版社，2019：06.

［23］杜晶. 新形势下高校教育教学管理创新研究［M］. 哈尔滨：哈尔滨工程大学出版社，2018：07.

［24］孔风琴. 高校教育教学与教学管理的实践探索［M］. 长春：吉林人民出版社，2018：07.

［25］魏巍. 高校教育教学管理理论与实践研究［M］. 北京：中国纺织出版社，2018：12.

［26］唐小兵编. 高校干部教育培训项目管理研究［M］. 武汉：武汉大学出版社，2018：04.

［27］裴小倩，严运楼. 高校创新创业教育协同机制研究［M］. 上海：上海交通大学出版社，2018：08.

［28］受中秋，王双，黄荣宝. 高校体育教育发展与改革探究［M］. 长春：吉林大学出版社，2018：10.

［29］俞莉莹. 高校素质教育管理与创新研究［M］. 北京/西安：世界图书出版公司，2018：01.

［30］张振飞，范明英. 应用型高校文化建设创新与实践［M］. 北京：光明日报出版社，2018：03.